ISBN 978-0-243-35868-7
PIBN 10576051

English
Français
Deutsche
Italiano
Español
Português

www.forgottenbooks.com

Mythology Photography **Fiction**
Fishing Christianity **Art** Cooking
Essays Buddhism Freemasonry
Medicine **Biology** Music **Ancient
Egypt** Evolution Carpentry Physics
Dance Geology **Mathematics** Fitness
Shakespeare **Folklore** Yoga Marketing
Confidence Immortality Biographies
Poetry **Psychology** Witchcraft
Electronics Chemistry History **Law**
Accounting **Philosophy** Anthropology
Alchemy Drama Quantum Mechanics
Atheism Sexual Health **Ancient History**
Entrepreneurship Languages Sport
Paleontology Needlework Islam
Metaphysics Investment Archaeology
Parenting Statistics Criminology
Motivational

Wesen und Bedeutung der Metamorphose bei den Insekten

Eine gemeinverständliche Einführung
☒☒☒ in die Insektenwelt ☒☒☒

von

Prof. Dr. P. Deegener

Mit 27 Abbildungen nach Original-Zeichnungen

Leipzig

Verlag von Theod. Thomas

1910

Druck von Hallberg & Büchting, Leipzig

Die gesamte Naturwissenschaft steht heute unter dem Ein=
fluß des Entwicklungsgedankens. Man ist im Laufe der Zeit
allgemein zu der anfangs kaum beachteten Erkenntnis einzelner
hindurchgedrungen, daß jedes lebende Wesen sein Dasein in
einem Zustande beginnt, welcher mehr oder weniger von der
schließlichen Gestaltung des erwachsenen Tieres verschieden ist;
daß in dem Ei, wie es den mütterlichen Körper oder wenigstens
den Ort seiner Entstehung verläßt, das fertige Tierchen nicht
schon in allen seinen Teilen voll entwickelt enthalten sei, um
nur zu seiner endlichen Größe heranzuwachsen, sondern daß aus
einem Klümpchen Plasma oder lebender Bildungssubstanz durch
formverändernde Vorgänge der Körper erst allmählich aufgebaut
wird, also aus Anfängen, die den Uneingeweihten nicht ahnen
lassen, welch ungeheuer kunstvoll und zweckmäßig gestaltetes
Wesen aus ihm hervorgehen wird.

Bei dieser Erkenntnis, die uns einen tiefen Einblick in
die gewaltige Gestaltungskraft der Natur gewährt hat, ist die
Wissenschaft indessen nicht stehen geblieben. Sie hat durch ver=
gleichende Untersuchung der lebenden und der ausgestorbenen,
nur noch in fossilen Resten erhalten gebliebenen Tierwelt in
kaum noch bestreitbarem Grade wahrscheinlich gemacht, daß nicht
nur das Einzelwesen sich von einfachen Anfängen aus entwickelt,
sondern daß auch die Stämme des Tier= und Pflanzenreiches ihr
Dasein in ihrer jetzigen Gestalt einem langen Entwicklungs=
verlaufe verdanken, also beispielsweise der Mensch nicht als
solcher schon die junge Erde bewohnte, sondern auf eine stattliche
Ahnenreihe tierischer Vorfahren zurückblicken kann, so gut wie
jedes andere jetzt lebende Tier. Die Wissenschaft, welche diesen
Ahnenreihen, dem Stammbaum der Lebewesen nachforscht, ist
als Stammesgeschichte oder Phylogenesis bezeichnet worden. Sie
stützt sich vielfach auf die Entwicklungsvorgänge, die wir bei der
Entstehung des Einzelwesens aus dem Ei beobachten, und
Haeckel hat den Satz aufgestellt, daß die Entwicklung des Einzel=
tieres eine gekürzte, aber auch vielfach nachträglich veränderte
Wiederholung der Stammesentwicklung sei. Diese nachträglichen
Veränderungen bringen eine große Schwierigkeit für die Be=
urteilung der einzelnen Entwicklungsstufen und ihrer Organi=
sation mit sich; denn es muß in jedem Falle entschieden werden,
was einem stammesgeschichtlich (phylogenetisch) älteren Zustande
entspreche, also von den Vorfahren ererbt sei, und was man als

nachträgliche Erwerbung anzusehen habe, welche infolge einer teilweisen Entwicklungsbeschleunigung bei den Einzelwesen früher erscheinen kann, als sie stammesgeschichtlich gebildet wurde. Die Entstehung aus dem Ei lehrt uns die Erfahrung kennen, die Stammesgeschichte konstruieren wir, es herrscht daher nur auf ihrem Gebiete Unsicherheit. Wir werden sehen, daß wir zu einem eingehenderen Verständnis und einer zutreffenden Beurteilung des Wesens der Metamorphose der Insekten, sofern sie als nachembryonaler Entwicklungsprozeß stammesgeschichtlich verwertet werden soll, nicht gelangen können, wenn wir uns die Scheidung von später Erworbenem einerseits und von den Vorfahren Ererbtem andrerseits nicht immerwährend angelegen sein lassen. — —

Was haben wir uns unter einer „Metamorphose" vorzustellen? — Das griechische Wort heißt Gestaltsveränderung oder Verwandlung, bedeutet aber doch noch etwas mehr, als wir mit diesen Ausdrücken im allgemeinen zu sagen pflegen. Jede Entwicklung ist ja ihrem Wesen nach eine Veränderung der Gestalt, ohne eine Metamorphose sein zu müssen. Zunächst liegt die Metamorphose der Zeit nach stets hinter der Entwicklung im Ei; sie beginnt erst, nachdem sich das junge Tier längere Zeit selbständig ernährt hat und bezieht sich somit nur auf den Unterschied zwischen dem erwachsenen, geschlechtsreifen und dem jugendlichen, aus dem Ei geschlüpften Einzeltier. Aber auch diese Bestimmung reicht noch nicht aus; denn gewiß ist das menschliche Kind noch nicht geschlechtsreif und mit seinem dicken Fettpolster in der Haut, das der ganzen Körpermodellierung jene Rundung gibt, die wir bei dem älteren Menschen vermissen, mit seinen später verschwindenden Gaumenfalten, den zahnlosen Kiefern, dem verhältnismäßig erheblich längeren Darm und dadurch aufgetriebenen Bauch, dem noch nicht abgeplatteten Brustkasten, dem abweichenden Verhältnis zwischen Hirn- und Gesichtsschädel von dem Erwachsenen auffallend genug verschieden; und doch ist es noch niemand eingefallen, dem Menschen eine Entwicklung mittels Metamorphose zuzuschreiben. Ganz scharf läßt sich nun dieser Begriff in der Tat nicht umschreiben und man kann verschiedener Ansicht darüber sein, wie weit man ihn ausdehnen wolle. Es dürfte sich daher empfehlen, den gewöhnlichen, jedem schon von der Schule her geläufigen Gebrauch des Wortes beizubehalten: diejenigen Insekten machen eine Metamorphose durch, deren Jugendformen von dem erwachsenen Tier recht verschieden sind und Organe besitzen, welche diesen letzteren fehlen. Die Metamorphose wird dann als eine unvollständige bezeichnet, wenn kein Puppenzuſtand zwiſchen Larve und erwachſenes Tier eingeſchaltet iſt, und als vollkommen, wenn eine Puppe auftritt. Damit iſt zunächſt rein äußerlich der Begriff beſtimmt. Das Weſen der Verwandlung, die Gründe und Art der Geſtaltung der Jugend= form zu einer Larve und das Bedingtſein des Puppenzuſtandes durch die abweichende Organiſation der Larve werden wir noch zum Gegenſtande einer eingehenden Betrachtung zu machen haben.

Nicht jede, das Ei verlaſſende Jugendform der Inſekten kann eigentlich als Larve bezeichnet werden, wie es allgemeiner Gebrauch iſt. Führt ſie im weſentlichen dieſelbe Lebensweiſe wie das erwachſene Tier, das man unter dem Namen der „Imago" von der Jugendform zu unterſcheiden pflegt, ſo iſt biologiſch keine Urſache aufzufinden, aus welcher normalerweiſe das junge Tier in ſeinem geſamten Bau erheblich von der Imago abweichen ſollte. Es wird nur begreiflich, daß es noch nicht voll= ſtändig ausgebildet iſt, daß es das Ei in noch nicht ganz voll= endetem Zuſtande verläßt und notwendig kleiner ſein muß, als ſeine Mutter; deshalb notwendig, weil die Eier, welche in be= ſonderen Organen des Mutterleibes, den Eierſtöcken oder Ovarien entſtehen, natürlich die Größe des Mutterkörpers niemals er= reichen können und um ſo kleiner ſein müſſen, in je größerer Anzahl ſie hervorgebracht werden. Es iſt ja allgemein bekannt, daß die Inſektenweibchen verhältnismäßig viele Eier abzulegen pflegen.

Nun muß das junge Tier ſich unter Ausnutzung des ihm im Ei zur Verfügung ſtehenden Raumes und der Reſervenahrung, des Dotters, ſo weit entwickeln, daß es nach dem Ausſchlüpfen imſtande iſt, ſelbſt für ſeine Ernährung zu ſorgen. Daher wer= den alle diejenigen Organe zunächſt in ihrer Entwicklung zu= rückgehalten werden können, welche zur Erhaltung des jungen Lebens nicht unbedingt nötig ſind, zum Beiſpiel die Flügel und die Geſchlechtsorgane. Wenn ſich in ſolchen Fällen die Jugend= formen von der fertigen Form, d. h. der Imago unterſcheiden, ſo ſind es nur negative Kennzeichen, die ihnen den Stempel des noch nicht Vollendeten aufdrücken: ihnen fehlen Organe des er= wachſenen Tieres entweder noch ganz oder dieſe ſind noch nicht voll entfaltet. Solche Jugendzuſtände, welche als „Larven" von anderen ja niemals vollendeten Jugendformen, die bei allen Tieren angetroffen werden, zu unterſcheiden ganz unberechtigt erſcheint und in der Konſequenz dazu führen müßte, junge Hunde und Kinder als Hunde= und Menſchenlarven zu bezeichnen, finden wir bei allen denjenigen Inſekten, welche keine Meta= morphoſe durchmachen. Will man dem allgemeinen Gebrauche folgend für ſie den Ausdruck Larven dennoch beibehalten, ſo

follte man fie doch als primäre Larven*) von den echten Larven=
formen wohl unterfcheiden. Daß die Entwicklung diefer pri=
mären Larven in gerader Linie fortfchreitend zu ihrem Endziel
gelangt, wird am klarften werden, wenn wir an der Hand
einiger Beifpiele diefem einfachen Entwicklungsweg folgen.

Vergleicht man eine junge Feldheufchrecke (Fig. 1) mit einer
erwachfenen, fo fällt der verhältnismäßig erheblich größere Kopf
des jungen Tieres auf. Daß gerade diefer Körperabfchnitt
größer, d. h. mit Rückficht auf den übrigen Körper in feinem

Abb. 1.   Die Metamorphofe eines Acridiers in 7 Stadien

Wachstum vorausgeeilt ift, wird vielleicht daraus verftändlich,
daß die kleine Heufchrecke fchon leiftungsfähiger Kiefer bedarf,
um ihre Nahrung zu zerkleinern, und kräftig wirkende Kauorgane
auch eine fefte, ftabile und genügend große Kopfkapfel erfordern,
an welcher fie und ihre Muskeln einen geeigneten Anfatz finden.
Der Hinterleib, welcher erft fpäter die voll entwickelten Gefchlechts=
organe zu bergen hat und erft dann recht geräumig fein muß,
ift bei dem jungen Tier noch verhältnismäßig klein. Von den
Flügeln ift zunächft noch keine Spur entwickelt, weil fie zur Er=
haltung des Einzeltieres nicht erforderlich find; und im Zu=

*) Das heißt Larven erfter Ordnung.

sammenhang hiermit erscheint es auch ganz natürlich, daß die Brust noch nicht die Ausgestaltung erfahren hat, welche wesentlich durch die Flügel bedingt wird, indem sie sich an die Mittel- und Hinterbrust ansetzen und indem ihre Muskeln für sich eine starke und ausgedehnte Ansatzfläche erfordern. Dagegen sind die Beine und namentlich auch die stammesgeschichtlich doch sicher erst spät erworbenen Springbeine mit ihren stark verdickten und verlängerten Oberschenkeln und den schlanken, gestreckten Unterschenkeln schon bei der jugendlichen Heuschrecke wohl ausgebildet; denn das Tierchen bedarf ihrer als wichtiger Organe zur Fortbewegung bei dem Aufsuchen seiner Nahrung und um sich Angriffen durch seine weiten Sprünge schnell zu entziehen. Beobachtet man im Frühjahr die Heuschreckenbrut auf sonnigen, pflanzenbewachsenen Waldwiesen, so wird man sich davon überzeugen, wie weit und hoch sie ihren noch leichten Körper auch ohne Zuhilfenahme der Flügel, welche dem erwachsenen Tier zur Verlängerung der Sprungbahn dienen, springend fortzuschnellen vermögen, so daß es gar nicht leicht gelingt, sie mit der Hand zu fangen, zumal sie bei ihrer geringen Größe dem verfolgenden Blick im Pflanzengewirr leicht entschwinden. — Schließlich lehrt uns die genauere Betrachtung, daß die Fühler oder Antennen in der Jugend eine geringere Gliederzahl besitzen, als im Alter, ein Verhalten, welches sich aus der geringeren Länge dieser Kopfanhänge leicht versteht.

Mit jeder Häutung, welche die Heuschrecke durchmacht, verändert sich ihr Aussehen etwas, und ganz allmählich und stufenweise wird der Körper seiner schließlichen Form entgegengeführt, indem anfangs noch ganz kurze Flügelanlagen sichtbar werden, die sich mit jeder Häutung vergrößern, jedoch nicht gleichen Schritt mit der Vergrößerung des ganzen Körpers halten, daher die fertigen Flügel ganz auffallend viel größer sind, als die Flügelstummel des vorletzten Stadiums, aus welchen sie bei der letzten Häutung unmittelbar hervorgehen. Die Brust gewinnt ihre definitive Gestaltung, der Hinterleib wird größer und der Kopf verhältnismäßig kleiner; die Anzahl der Antennenglieder nimmt zu und das Tier wird geschlechtsreif und fortpflanzungsfähig und bedient sich seiner Flügel nicht nur zum Fluge, sondern auch im Dienste der Arterhaltung, zum Anlocken des Weibchens durch die bekannten schrillenden Töne, die es durch Reiben einer gezähnten Leiste der Schenkel der Springbeine an vorspringenden Adern der pergamentartig derben Vorderflügel hervorruft, Laute, welche zu der charakteristischen Stimmung heißer Hochsommertage auf Feldern und Wiesen ungemein viel beitragen.

Der verhältnismäßig geringe Grad der Verschiedenheit, den
wir hier zwischen Jugendform und Jmago feststellen konnten,
erklärt sich daraus, daß beide Alterszustände, abgesehen von
der geschlechtlichen Betätigung dieselbe Lebensweise führen, mit=
hin auch die gleichen Bedürfnisse haben, daher eine weitgehende
Umgestaltung des jungen Tieres gar nicht erwartet werden kann
und alle Zustände mit denselben Mitteln ihrer Umgebung an=
gepaßt sein müssen. Da aber die Geschlechtsreife erst am Ende
der Wachstumsperiode erreicht wird und mit ihr auch erst die
Flügel zur vollen Entwicklung gelangen, um von dem Tier zum
Flug und zum Musizieren verwendet zu werden, sehen wir schon
eine Art Arbeitsteilung angebahnt und zur weiteren strengeren
Durchführung gleichsam vorbereitet: dem jungen Tiere fallen
alle Funktionen vornehmlich zu, welche im Dienste der Erhaltung
des Einzelwesens stehen, während die Geschlechtsfunktion aus=
schließlich an den nicht mehr wachsenden Endzustand des Tieres
gebunden erscheint. Indem die Jugendform durch Erwerbung be=
sonderer oder auffallende Umbildung schon vorhandener Organe
nicht von dem ausgebildeten Insekt abweicht, stellt sich die Ent=
wicklung nicht als eine Metamorphose dar, sondern als eine all=
mählich auf geradem Wege dem Endzustande zustrebende Aus=
bildung der schließlichen Körperproportionen und der endlichen
Größe. —

An die Heuschrecken als Vertreter der Geradflügler (Orthopte=
ren) mögen die Wanzen als Beispiel für das Fehlen einer Meta=
morphose angeschlossen werden. Auch hier führen die jungen
Schnabelkerfe (Rhynchota) schon dieselbe Lebensweise, wie die
erwachsenen Tiere, daher wir von vornherein keine wesent=
lichen Abweichungen zwischen beiden zu finden erwarten dürfen.
Die vorhandenen Unterschiede sind in derselben Weise zu be=
urteilen, wie bei den Geradflüglern: die noch nicht voll ent=
wickelte Jugendform, die man doch auf den ersten Blick schon
als eine Wanze erkennt, ist vorwiegend durch negative Merkmale
von der fertigen Wanze verschieden, noch nicht geschlechtsreif und
nur mit Flügelstummeln angestattet; die Anzahl der Fußglieder
ist geringer, als bei der Jmago, dazu kommen Unterschiede in
der Färbung, der Lage der Stinkdrüsen u. s. f.

Man darf den Fuß (Tarsus) mit seiner geringeren Glieder=
zahl und die Flügelanlagen ebensowenig wie die anfangs weniger=
gliedrigen Fühler der Heuschrecken als rudimentär, d. h. als
verkümmert bezeichnen, wie es fälschlich vielfach geschehen ist;
denn diese Organe sind ganz und gar nicht verkümmert, son=
dern vielmehr in der Fortentwicklung begriffen und nur noch

nicht fertig. Wollte man solche Organanlagen aber als Ver=
kümmerungen auffassen, so müßte man folgerichtig das Ei als
ein verkümmertes Tier betrachten.

Den angeführten Verschiedenheiten stehen weitgehende über=
einstimmungen bei allen nachembryonalen Entwicklungszustän=
den der Wanzen gegenüber: Die Tast= und Sehorgane, welche
als wichtige Sinnesapparate von dem jungen Tier schon so gut
gebraucht werden, wie von dem erwachsenen, der Schnabel, mit
dessen Hilfe während der ganzen Lebensdauer des Tieres
flüssige organische Nahrung aufgesogen wird, und die Beine
sind selbst bei der ganz jungen „Larve", welche das Ei soeben
erst verlassen hat, schon wesentlich genau ebenso gebaut, wie
bei dem geschlechtsreifen Tier. Diese übereinstimmung kann
so weit gehen, daß sogar die Artmerkmale schon in der ersten
Jugend deutlich ausgeprägt sind, wenngleich dies nicht immer
zutrifft. Wenn wir von den Geschlechtsorganen und den Flügeln
absehen, so ist hier wie bei den Geradflüglern der Gesamt=
habitus im wesentlichen auf allen Stufen der freien Entwick=
lung der gleiche. Daß dies nicht für alle Schnabelkerfe zutrifft,
werden uns noch die Zikaden lehren.

Es gibt unter den Insekten Formen, welche allgemein als
die am ursprünglichsten (primitivsten) organisierten Angehörigen
dieses reich verzweigten Stammes der Gliederfüßer (Arthro=
poden) angesehen werden, die Apterygoten. Allerdings sind
neuerdings Zweifel an der Richtigkeit dieser Auffassung laut ge=
worden. Diese fast durchweg kleinen Insekten, um welche es
sich hier handelt, sind sämtlich ungeflügelt, und man nimmt an,
daß sie nicht von geflügelten Vorfahren abstammen, also nicht
erst nachträglich ihre Flugorgane verloren haben, sondern daß
sie von ungeflügelten Ahnen abzuleiten seien. Hier ist nicht
der Ort, auf das Für und Wider dieser Frage näher einzu=
gehen; bemerkenswert für uns ist nur, daß auch diese Aptery=
goten, zu welchen der bekannte Zuckergast (Lepisma) gehört, der
in Vorratsräumen bisweilen lästig wird, sowie jene sehr kleinen
Springschwänze (Poduriden), deren Arten man an Komposthaufen,
zwischen Moos, auf dem Spiegel ruhiger Gewässer und an anderen
Orten ihre Springkünste ausführen sehen kann, keine Meta=
morphose durchmachen. Ihre Jugendformen können zum Teil
nicht einmal als primäre Larven in dem früher erörterten
Sinne angesehen werden, weil abgesehen von der Größe und
der Geschlechtsreife keine negativen Merkmale vorhanden sind,
also überhaupt keine eigentliche Entwicklung nur der Anlage
nach vorhandener Organe stattfindet. Daher kann man diese
Insekten als verwandlungslose oder Ametabola den Geradflüg=

lern, Wanzen ufw. gegenüberſtellen und alle Kerbtiere mit pri=
mären Larven als Epimorpha bezeichnen.

Daß die angeführte Tatſache des Mangels einer nachembryo=
nalen Entwicklung allein nicht für die Auffaſſung ins Feld ge=
führt werden kann, daß wir in den Apterygoten urſprüngliche
Formen vor uns haben, lehren die hoch ſpezialiſierten Wanzen,
die doch keine Metamorphoſe durchmachen, obwohl ſie ſicher
nicht als urſprünglich organiſierte Inſekten angeſehen werden
können. überhaupt ſteht die Komplikation der Metamorphoſe
nicht in näherem Zuſammenhang mit der erreichten Entwicklungs=
höhe der Imago, ſondern mit der abweichenden Geſtaltung der
Larve, wie wir noch ſehen werden. Wo die Jugendform am
meiſten mit der erwachſenen übereinſtimmt, handelt es ſich
um eine Entwicklungsbeſchleunigung, welche eben ſchon im Ei
die definitive Ausgeſtaltung des Tieres herbeiführt.

Wir ſehen jedoch auch bei den Apterygoten, beiſpielsweiſe
bei Machilis weitgehende Unterſchiede zwiſchen der Jugendform
und dem erwachſenen Tiere, die R. Heymons wie folgt be=
ſchrieben hat: „Die auffallenden Unterſchiede kommen dadurch
zuſtande, daß das junge Tier noch weit unvollkommener gebaut
iſt. Dem jungen Machilis im erſten Lebensſtadium fehlt das
Schuppenkleid, es fehlen die griffelartigen Fortſätze (Styli) an
den Thoraxbeinen, es fehlen die lateralen Reihen der abdominalen
ausſtülpbaren (Kiemen=) Bläschen. Die vorderen und hinteren
Körperanhänge, die Antennen und Cerci ſind nicht nur abſolut,
ſondern auch relativ weſentlich kürzer und ſetzen ſich erſt aus
einer weit geringeren Anzahl von Gliedern zuſammen. Die
Folge der unfertigen Organiſation iſt, daß im Laufe der nach=
embryonalen Entwicklung noch ziemlich bedeutende Umwand=
lungen und Umgeſtaltungen eintreten, ehe die fertige Form
erzielt iſt."

Außer den angeführten, gibt es bekanntlich noch einige
andere Inſekten ohne Metamorphoſe, ſo die „Ohrwürmer" oder
Forficuliden, Termiten, Pflanzen= und Tierläuſe, von welch'
letzteren die Kopflaus ihre ganze nachembryonale Entwicklung
in nur 18 Tagen vollendet. Bei den Tierläuſen, welche infolge
ihrer ſchmarotzenden Lebensweiſe die Flügel verloren haben,
bleiben dennoch negative Charaktere der Jugendform beſtehen
(geringere Gliederzahl der Fühler), daher man bei ihnen noch
immer von primären Larven ſprechen darf. Wo die Flügel
fehlen, iſt natürlich der Unterſchied in der äußeren Erſcheinung
des jungen und erwachſenen Tieres noch viel geringer, als
bei den geflügelten Inſekten. Man wird daher bei flügellos
gewordenen Arten unter Umſtänden auch von einem vollſtän=

digen Fehlen einer Verwandlung sprechen dürfen, welches der
Imago so ähnliche Jugendformen voraussetzt, daß selbst von
einer primären Larve gar nicht mehr die Rede sein kann.

Die angeführten Beispiele sollten uns lehren, welcher Art
die primären Larven im Vergleich mit den ausgewachsenen For=
men der Insekten ohne Metamorphose sind. Die gewonnenen
Merkmale für sie müssen wir festhalten, um aus dem Ver=
gleich mit ihnen die echten [sekundären*) und tertiären**)]
Larven ihrem Wesen nach erkennen zu können und herauszu=
finden, worauf in letzter Linie die Metamorphose eigentlich
beruht.

Ferner lehrten uns diese Beispiele, daß die Insekten auf
ihrem Entwicklungswege sich mehrfach häuten, eine Tatsache,
die ja allgemein bekannt ist; welche Bedeutung jedoch die Er=
neuerung der Haut für diese Tiere habe, ist wohl kaum jedem
vollkommen klar. Zunächst ist der Ausdruck Häutung schon einem
Mißverstandenwerden ausgesetzt und kann zu der Vorstellung
führen, die gesamte Körperhaut werde abgeworfen. Dies trifft
aber keineswegs zu. Die Haut der Insekten besteht im wesent=
lichen aus zwei Schichten: einer inneren, welche sich aus leben=
den Zellen aufbaut und nicht abgeworfen wird noch werden
kann, weil sie neben anderen Aufgaben auch die hat, die
äußere Schicht zu erneuern. Diese letztere ist also ein Produkt
der lebenden Zellen und wird von ihnen in der Weise gebildet,
daß die Oberfläche aller Hautzellen sich durch einen nicht näher
bekannten chemischen Vorgang in einen organischen, festen Stoff
umwandelt, welchen man als Chitin=bezeichnet. Diese Schicht,
welche dem Körper zum Schutz, den Muskeln zum festen An=
satz dient und somit das Skelett des Insektenkörpers bildet,
ist tot, das heißt in ihr findet kein Stoffwechsel mehr statt und
daher vermag sie auch nicht mehr zu wachsen und kann nur
durch Bildung neuer Chitinschichten vonseiten der Hautzellen
verdickt werden. Darin liegt die Notwendigkeit der Häutung
begründet. Das aus dem Ei geschlüpfte Tier muß unter reichlicher
Nahrungsaufnahme sehr stark wachsen, um seine schließliche
normale Größe zu erreichen; daher wird ihm die alte Chitin=
haut von Zeit zu Zeit zu eng, wenngleich sie bis zu einer ge=
wissen Grenze dehnungsfähig ist, über welche hinaus sie jedoch
der Vergrößerung des Körperumfanges nicht mehr zu folgen
vermag. Der Häutungsvorgang besteht dann darin, daß die
lebenden Hautzellen eine neue Chitinschicht zur Ausbildung

---

*) Larven zweiter Ordnung.
**) Larven dritter Ordnung.

bringen, von welcher sich die alte abhebt unter Zuhilfenahme einer Flüssigkeit, welche von besonderen Drüsen, den Häutungs= drüsen, geliefert wird, um schließlich als Ganzes abgestreift zu werden. Die hierdurch frei gewordene neue Chitinhaut er= härtet bald und nimmt ihre definitive Färbung an.

Das Wachstum ist nun aber zweifellos nicht die einzige Ursache, welche die Häutung notwendig macht; denn mit ihm geht eine Entwicklung, das heißt eine Um= und Neubildung Hand in Hand, welche in dem verschiedenen Aussehen des= selben Tieres vor und nach der Häutung ihren Ausdruck findet. Das Chitin aber ist nicht mehr umbildungsfähig, es besitzt, weil ohne eigenes Leben, keine Plastizität mehr; wenn also überhaupt eine Umbildung der Haut und ihrer Anhänge statt= finden soll, so gibt es keinen anderen Weg, als daß eine neue Chitinschicht von anderer Gestaltung durch die lebenden Zellen aufgebaut wird. Wir sehen demnach jede Bauveränderung des Insektenkörpers notwendig an eine Häutung gebunden und es gibt mithin keine Entwicklung und keine Metamorphose ohne Häutung. Damit sehen wir den so einfach erscheinenden Häu= tungsvorgang schon in einem ganz anderen Lichte; und daß erwachsene Insekten, auch wenn sie sehr lange leben, sich nicht mehr häuten, wird aus dem Gesagten von selbst verständlich: Wo die Entwicklung und das Wachstum zum Abschluß ge= kommen sind, fallen auch die Ursachen für die Erneuerung der Haut fort.

Wir hatten gesehen, daß die Jugendformen der Gerad= flügler, Schnabelkerfe u. s. f. sich niemals wesentlich von den erwachsenen Tieren unterscheiden, daher es streng genommen nicht als berechtigt anerkannt werden kann, sie als Larven zu bezeichnen. Soll aber trotzdem nach altem eingebürgertem Brauch dieser Name auch für sie beibehalten werden, so ist es doch unbedingt erforderlich, sie von den anderen Larvenformen, mit welchen wir uns im folgenden beschäftigen wollen, auch durch die Bezeichnung zu unterscheiden. Ich werde für sie im Verlaufe dieser Abhandlung den Namen primäre Larven bei= behalten, weil der Ausdruck „Jugendformen", den wir auch auf die echten Larven anwenden können, zu Mißdeutungen führen kann. Im Gegensatz zu den primären Larven stehen zunächst die sekundären; wie sie sich von jenen unterscheiden, wie sie in ihrer Eigenart entstanden sind und bei welchen Insekten wir ihnen begegnen, soll uns jetzt beschäftigen.

Die primären Larven gehen von dem Augenblick ab, in welchem sie das Ei verlassen haben, auf direktem Wege ihrem Endziel entgegen, daher ihre nachembryonale Entwicklung

wefentlich Wachstum und Ausbildung folcher Organe umfaßt,
welche auch das erwachfene Tier befißt. Wie verhalten fich
nun in ihrer äußeren Geftalt, und in ihrer Entwicklung die
fekundären Larven, einmal zu den primären, ferner zu ihren
erwachfenen Zuftänden und fchließlich zu der dritten Larven=
form, die wir weiterhin noch werden unterfcheiden müffen?

Die fekundären Larven verlaffen den direkten Entwicklungs=
weg, welcher fie der Imaginalform entgegenführt, indem fie
andere Organe zur Ausbildung bringen, als von der Imago er=
worben fein können; Organe, welche bei dem Übergang zu der
gefchlechtsreifen Endform wieder zurückgebildet werden oder ganz
verloren gehen. Wir werden verfuchen müffen, uns an der
Hand von Beifpielen dies recht auffallende Verhalten zu er=
klären. Dabei werden wir diefe Larvenorgane mit Rückficht
auf ihr Fehlen bei der am Endziel ihrer Entwicklung ftehenden
Imago als vorläufige oder proviforifche bezeichnen dürfen.

Werfen wir einen Blick auf die nachembryonale Entwick=
lung der Zikaden, fo fehen wir, daß hier fchon ein recht auf=
fallender Unterfchied zwifchen der Jugendform und der Imago
befteht. Es wurde an anderer Stelle bereits darauf hingewiefen,
daß es unter den Schnabelkerfen (Rhynchoten) einige gibt,
welche nachträglich umgebildete Jugendformen befißen, die wir
als fekundäre Larven bezeichnen müffen. Prüfen wir daraufhin
die Zikaden näher, fo finden wir erftens, daß die Larve fich
nicht mehr mit jeder Häutung gleichmäßig der Imago annähert,
daß alfo der Entwicklungsprozeß kein kontinuierlicher mehr ift,
fondern im Intereffe der längeren Erhaltung eines beftimmten,
mit Rückficht auf die an ihn geftellten Anforderungen fertigen
Zuftandes als folcher unterbrochen wird. Mit anderen Worten:
die langlebige Larve, welche bei Cicada septemdecim 17 Jahre als
folche exiftiert, wächft nur langfam heran, ohne fich gleichzeitig auch
in ihrer Gefamtorganifation der Imaginalform zu nähern und
diefer mit jeder Häutung ähnlicher zu werden. Erft das letzte
Stadium, aus welchem unmittelbar die Imago hervorgeht, befißt
ziemlich große Flügelanlagen und ftellt eine Zwifchenftufe zwifchen
den ihr vorhergehenden Larvenftadien und dem erwachfenen
Tier dar. Man pflegt diefen Zuftand als Nymphe zu bezeichnen.
Inwiefern diefe als ftammesgefchichtliche Vorftufe der echten
Puppe anzufehen fei, werden wir weiterhin noch zu prüfen
haben.

Zweitens finden wir, daß die Larve eine Organifation be=
fißt, welche fie fich wahrfcheinlich erft nachträglich erworben
hat; denn fie ift ein grabendes Tier, welches an Wurzeln
faugt. — Aber warum follen denn die Vorfahren unferer Zi=

laden nicht auch schon grabende Insekten gewesen sein, warum
soll man nicht annehmen, daß nur die Larven diese grabende
Lebensführung beibehalten haben und darum ursprünglicher
organisiert seien, als die Imagines, welche nachträglich erst
zu einer anderen Lebensweise übergingen?

Lassen wir diese Annahme gelten, so müßte erklärt werden,
woher denn die erwachsenen Zikaden plötzlich ihre Flügel be=
kommen hätten. Ein unterirdisch lebendes Tier kann niemals
Flügel erwerben; daher müssen die Vorfahren der Zikaden
wie aller geflügelten Insekten oberirdisch gelebt haben. Man
könnte aber wohl annehmen, daß die Vorfahren der Zikaden
auch im erwachsenen Zustande unterirdisch gelebt haben und
nur etwa zur Begattung an die Oberfläche gekommen seien,
wie z. B. die Maulwurfsgrillen; daß dann aber nachträglich
die Imagines wieder zu einer rein oberirdischen Lebensweise
zurückkehrten und so die Organisation des grabenden Tieres
verloren, während die Larve sie behielt. Wenn auch diese An=
nahme möglich erscheint, so sind wir doch durch nichts zu ihr
gezwungen. Einfacher und daher auch mehr befriedigend und
zudem besser mit allem übereinstimmend, was wir über nach=
trägliche Umformungen der Jugendformen wissen, bleibt doch
die Auffassung, welche sich auf den Standpunkt stellt, daß nur
die Larven zu grabenden Insekten wurden, während es die ge=
schlechtsreifen Tiere niemals waren. Unter beiden Voraus=
setzungen aber sind die Vorfahren der Zikaden keine Erd=
bewohner gewesen, so wenig wie die Ahnen der Maulwurfs=
grille, sonst könnten sie keine Flügel haben. Sind aber die
Flügel unter Bedingungen erworben, unter welchen Grabfüße
nicht erworben werden konnten, so konnten doch sehr wohl
Grabfüße erworben werden, obwohl schon Flügel vorhanden
waren, wie wir es für die Maulwurfsgrille ohne entgegen=
stehende Bedenken annehmen dürfen. Die jüngsten Zikaden be=
saßen aber die Flügel entweder noch gar nicht oder nur der
Anlage nach. Wenn nun die Flügelentwicklung während der
ganzen Larvenperiode zurückgehalten wurde, so versteht sich
dies anscheinend sehr wohl aus der Tatsache, daß größere
Flügelanlagen für die Bewegung in der Erde recht lästig sein
müssen. Aber bei eingehenderem Nachdenken reicht diese Ursache
zur Erklärung des Flügelmangels doch nicht aus; denn die
Maulwurfsgrille vermag sich trotz ihrer freilich sehr zweckmäßig
gestalteten Flügel gewiß schnell und geschickt genug durch die
Erde zu wühlen; also dürfte das vollkommene Fehlen der Flügel
auf andere Ursachen zurückzuführen sein. Wir wissen, daß
die Zikadenlarve sehr lange als solche lebt; während dieser

Zeit soll sie bis 30 Häutungen durchmachen. Diese im Ver=
gleich mit anderen Insekten außerordentlich große Anzahl der
Häutungen kann weder durch das Wachstum, noch durch die
Umbildung der Larve bedingt sein, denn letztere findet nicht
oder nur in ganz untergeordnetem Maße statt und das Wachs=
tum schreitet sehr langsam fort. Daher wird man vermuten
dürfen, daß die unterirdische Lebensweise bei ihrer langen Dauer
Anforderungen an das Hautchitin stellt, welchen dieses immer
nur eine bestimmte Zeit hindurch gewachsen bleibt. Die reibende
Wirkung der Erdteilchen, die Feuchtigkeit und vielleicht noch
andere Einflüsse zerstören das Chitin und machen es nötig,
daß ein oft wiederholter Ersatz eintritt, oder das Chitin ist, um
den mechanischen Anforderungen des unterirdischen Lebens zu
genügen, so hart, daß es nur eine sehr geringe Dehnungs=
fähigkeit besitzt und schon bei einer verhältnismäßig geringen
Größenzunahme des ganzen Tieres gesprengt und ersetzt wer=
den muß. Jeder Ersatz der Chitinschicht aber bedeutet einen
erheblichen Verlust an Baumaterial für den Körper, zumal
auch die Auskleidung der Tracheen, des Vorder= und Enddarms
neugebildet werden müssen, und dieser Verlust wurde wenigstens
etwas herabgesetzt, wenn die Flügelanlagen zum Fortfall kamen,
die ja sonst mitgehäutet werden müßten. Darin also dürfte
die Ursache für das gänzliche Fehlen der Flügel bei den Zikaden=
larven zu suchen sein.

Ferner begreifen wir, daß zwischen den flügellosen Larven=
zustand und die geflügelte Imago ein Stadium eingeschoben
liegt, welches schon Flügelstummel besitzt; denn diese erst ge=
währen der lebenden Flügelhaut genügenden Raum, um die
imaginalen Flügel, welche eine recht ansehnliche Größe haben,
zur Ausbildung zu bringen. So wird denn hier von den bei
den primären Larven auftretenden mit Flügelstummeln aus=
gestatteten Stadien nur noch ein einziges als unentbehrlich für
die definitive Ausbildung der Flügel beibehalten, die sogenannte
Nymphe.

So gut wie der erwachsene, fertige Zustand sich anpassen
und bedürfnismäßig verändern kann, ist auch der jugendliche
schon dazu imstande. Jedenfalls sehen wir gerade bei den In=
sekten, keineswegs jedoch bei diesen allein, die Jugendformen
sich ganz anderen Bedingungen anpassen und sich erheblich ver=
ändern, ohne daß die Gestaltung des erwachsenen Tieres hier=
durch beeinflußt wird. So sahen wir auch die Zikadenlarve
ihren eigenen Entwicklungsweg gehen, jedoch noch nicht so weit
von ihrem Endziel abirren, daß sie nicht im ganzen der Imago
noch ähnlich bliebe; denn wenigstens die saugende Ernährungs=

weiſe hat ſie mit dieſer gemeinſam. Immerhin iſt aber ganz
unverkennbar, daß wir ſchon eine echte, nachträglich ſtark ver=
änderte Larve vor uns haben, deren Vorderbeine namentlich
ganz auffallend proviſoriſch organiſiert ſind. Dieſe ſtarken Grab=
ſchaufeln treffen wir auch bei der Nymphe noch, da ſie ihrer
bedarf, um ſich an die Oberfläche emporzuarbeiten, während
ſie der Imago fehlen.

Wir wiſſen nicht, was die Jugendform der Zikaden, als
ſie noch den Habitus der primären Larve hatte, und ſich wie die
Imago ernährte, den Wurzeln den Vorzug zu geben veranlaßt
hat; wir wiſſen nur, daß ſie, um ſich dieſe Nahrungsquelle
zugänglich zu machen, mit den zu Grabwerkzeugen umgebildeten
Vorderbeinen ein zweckdienliches Mittel erwarben; dabei wird
man mit der Annahme kaum fehlgreifen, daß die Vorderbeine
ſchon zum Graben benutzt wurden, als ſie noch ihre urſprüng=
liche hierzu weniger geeignete Geſtalt beſaßen, die dann erſt
allmählich in ihre jetzige Form überging.

Haben wir uns ſomit davon überzeugt, daß die Zikaden
echte Larven beſitzen, deren proviſoriſche Organiſation erſt dann
verloren geht, wenn während der letzten Häutung die definitive
oder imaginale Geſtalt angenommen wird, ſo werden wir dieſen
Tieren auch eine Metamorphoſe zuerkennen müſſen, d. h. eine
Verwandlung, die eben nicht mehr allein auf die allmähliche
Ausbildung des Endzuſtandes hinſtrebt, ſondern noch nebenbei
einer ſpeziellen Anpaſſung und abweichenden Geſtaltung der
Jugendform, welche damit zur echten Larve wird, Raum gibt. —

In höherem Grade, als die Zikadenlarve finden wir ſchon
die Jugendformen der gleichflügligen Libellen (Agrioniden) von
der Imago abweichend geſtaltet. Wie dort der Übergang des
unausgebildeten Tieres zum unterirdiſchen Leben ſeinen Ein=
fluß auf deſſen Körperbau geltend gemacht hat, konnte auch
bei den Libellenlarven, die ins Waſſer gegangen ſind, eine
entſprechende Anpaſſung nicht ausbleiben; denn Lufttiere ſind
zum Waſſerleben nicht ohne weiteres befähigt. Im allgemeinen
aber ſtimmen auch hier die Jugendformen mit dem erwachſenen
Tier noch weſentlich überein und beſitzen ſchon alle Organe,
welche dieſem eigen ſind, wenigſtens der Anlage nach. Dieſe
Übereinſtimmung wird dadurch verſtändlich, daß hier Larve und
Imago räuberiſch leben. Immerhin ſtellt aber doch der Raub
fliegender Inſekten andere Anforderungen, als der Fang von
Waſſertieren, woraus ſich weiterhin zu erörternde Unterſchiede
ergeben.

Wir finden den Kopf der älteren Larve (Fig. 2) mit großen
Facettenaugen ausgeſtattet und in derſelben querverbreiterten

Form, welche für diese Insektenordnung charakteristisch ist. An dem zweiten und dritten Brustabschnitt sind schon die Flügel, wenngleich noch in funktionsunfähiger Kleinheit als sogenannte Flügelstummel vorhanden. Diese übrigens als verkümmerte oder rückgebildete Flugorgane zu bezeichnen, wäre ebenso verfehlt,

Abb. 2. Larve einer Wasserjungfer (Agrion puella L.)
Originalzeichnung von C. Baworowski-München.

wie der vielfach angewendete Ausdruck „Flügelscheiden"; denn nennt man die alte abgeworfene Flügelhaut, d. h. deren chitinöse Decke, Scheide, so muß man konsequent auch die ganze Chitinhaut des Körpers als „Körperscheide" bezeichnen. — Ferner trägt die Brust schon drei wohlentwickelte Beinpaare, die sich nicht sehr erheblich von den Beinen des erwachsenen Insekts unterscheiden, und das langgestreckte Abdomen (Hinterleib) ist nur wenig kürzer als bei der Libelle.

Nicht so ähnlich wie die erwachsene ist die junge Larve der Imago; und sofern diese noch in unvollkommenerem Zustande das Ei verlassende Jugendform allmählich im Anschluß an die Häutungen die imaginale Organisation erlangt, unterscheidet sie sich von den primären Larven der Orthopteren u. a. nicht. Das anfangs noch nicht facettierte Auge wird es erst später, die nur aus drei Gliedern gebildete Antenne erhält erst im Laufe der weiteren nachembryonalen Entwicklung 7 Glieder; die Flügel fehlen zuerst ganz und wachsen langsam mit den Häutungen, wobei sie übrigens hier so wenig gleichen Schritt mit dem Wachstum des ganzen Körpers halten, wie bei den primären Larven; und im Zusammenhang hiermit erfährt der Träger der Flugorgane, der Thorax (Brust) seine kräftige und definitive Ausbildung erst bei dem übergang in die Imaginal= form.

Was demgegenüber die im ganzen der Imago noch sehr ähnliche Jugendform zur echten Larve stempelt, sind die pro= visorischen Organe, welche die Larve unabhängig von der Imago in Anpassung an das Wasserleben erwarb. In erster Linie mußte die Atmung durch das Leben im Wasser beeinflußt wer= den. Um ein zutreffendes Urteil zu gewinnen, werden wir erst einmal die Frage entscheiden müssen, ob die Libellen von Wassertieren abstammen; in diesem Falle hätten dann die Larven ihre Kiemen von ihren Vorfahren ererbt und die Imagines sie nachträglich erst verloren, indem sie Lufttiere wurden. Sind dagegen die Libellenahnen schon Lufttiere gewesen, so sind die Kiemen der Larven Neuerwerbungen, später erst erworbene An= passungen an das Wasserleben, welche natürlich in der Regel der in der Luft lebenden Form fehlen werden und von ihr un= möglich erworben sein können.

Der Beweis, daß die Vorfahren der Libellen und ihre Jugendstadien auf dem Lande gelebt haben, ist leicht zu führen. Die erwachsenen Tiere besitzen ausgezeichnet ausgebildete große Flügel, Anhänge des Körpers, welche ein im Wasser lebender Organismus sich in dieser Form niemals hätte erwerben können, weil für ihn die häutigen Flugorgane nicht nur zwecklos, son= dern geradezu hinderlich sein müssen. Diese Flügel besitzt auch die Larve, aber nur der Anlage nach, d. h. so verkürzt, daß sie für das Tier zwar nutzlos aber auch nicht hinderlich sind. — Ferner atmen die Libellenlarven durch Tracheen, jene röhren= förmigen, verzweigten Einstülpungen der Haut in das Körper= innere, welche durch ihre Einstülpungsöffnung, die rechts und

links an den meisten Segmenten bestehen bleibt, in offener
Verbindung mit der Luft der Umgebung zu stehen pflegen und
als Spirakula, Stigmata oder Luftlöcher bekannt sind. Alle
Tiere aber, welche wie die Insekten, Tausendfüßer und Spinnen=
tiere durch Tracheen atmen, sind Luftatmer, d. h. sie nehmen
Luft in ihre Atemröhren auf, auch dann, wenn sie unter=
getaucht im Wasser leben. Niemals wird das Tracheensystem mit
Wasser gefüllt, erweist sich also zur Wasseratmung als ganz un=
geeignet und kann daher auch nicht von Wassertieren erworben
worden sein. Somit sind also auch die Libellenlarven, weil sie
ein Tracheensystem besitzen, ursprünglich Lufttiere, ihre Kiemen
haben sie erst nachträglich
bei dem Übergang vom
Lande ins Wasser erwor=
ben; doch sind damit die
Tracheen keineswegs funk=
tionslos geworden, son=
dern Atmungsorgane ge=
blieben; nur wird die Luft
nicht mehr durch Vermitte=
lung von Hautausstülpun=
gen aufgenommen, welche
bei den Agrionidenlarven
am Hinterleibsende aus=
gebildet wurden und in
Gestalt dreier blattförmi=
ger Anhänge bei der Be=
trachtung der Larve auf
den ersten Blick als provi=
sorische Organe auffallen,

Abb. 3. Mundwerkzeuge einer Libellen=
Larve (Anax formosus).
Schwache Vergrößerung, nach Dufour.
a = Oberlippe, b = Oberkiefer, c = Unterkiefer,
d = Facettenaugen, e = erstes Glied der Unterlippe,
h und i = die beiden Hakenpaare am Ende der Unter=
lippe.

welche man am Leibesende der erwachsenen Libelle vergebens sucht.
Um nicht, wie viele andere Wasserinsekten, zur Atmung an
die Oberfläche steigen und hier die Tracheen mit Luft füllen
zu müssen, haben diese Tiere den Ausweg der Kiemenbildung
gewählt. In die „Schwanzanhänge" ragen die Zweige der
Tracheen hinein und werden mit der dem Wasser direkt ent=
nommenen Atemluft gefüllt, daher man in diesem Falle mit
Recht von Tracheenkiemen spricht.

Die Larve lebt räuberisch, wie das erwachsene Tier. Beide
besitzen wohlentwickelte Augen, um ihre Beute zu sehen; aber
die Libelle hat die Flügel vor der Larve voraus, welche sie
instand setzen, sich reichlich lebende Nahrung zu erjagen. So
erscheint die Jugendform, die doch, um zu wachsen, ganz be=
sonders viel fressen muß, im Kampfe ums Dasein schlecht ge=

stellt. Aber die Natur hat ausgleichend gearbeitet, indem die
Larven sich ein Fangorgan erwarben, das ihnen die Flügel
ersetzt. Zu diesem Fangapparat wird die Unterlippe, welche auch
bei der Imago gut entwickelt ist und die Beutetiere im Fluge
ergreift. Hervorgegangen aus dem zweiten Paar der Maxillen,
also aus dem dritten Kieferpaar, endet sie mit kräftigen Fang=
klauen (Fig. 3) und liegt in der Ruhe zusammengeklappt an
der unteren Kopfwand, um bei dem Fang der Beute plötzlich
vorgeschnellt zu werden. Im Zusammenhang mit der Aus=
bildung der Unterlippe zu diesem sehr beweglichen und leistungs=
fähigen Fangorgan steht die Tatsache, daß der Kopf der Larve
mit dem ersten Brustsegment fest verbunden ist und sich nicht
durch einen stielartig dünnen Halsabschnitt so leicht beweglich
von ihm absetzt, wie bei der Imago. Während die Libelle,
welche ihre Beute fliegend mit der Unterlippe ergreift, der
Beweglichkeit des ganzen Kopfes durchaus bedarf, weil die Unter=
lippe feststeht, würde diese Beweglichkeit des Kopfes für die
Larve ganz unzweckmäßig sein; denn bei ihr besitzt die Unter=
lippe selbst die erforderliche Beweglichkeit und würde durch einen
wackeligen Kopf in ihrer Leistungsfähigkeit in keiner Weise
unterstützt werden können; vielmehr bedarf sie eines stabilen
Ansatzes als fester Basis für die Unterlippe, daher denn der
Kopf der Brust fest aufsitzt.

Wir haben gesehen, daß die Libellenlarven sich ihrer Um=
gebung ebenso gut anzupassen gewußt haben, wie die erwachsenen
Tiere, indem sie die ererbten Organe in zweckmäßiger Weise
umbildeten (Unterlippe) oder Neubildungen (Riemen) mit den
vorhandenen Organen (Tracheen) kombinierten. Daß aber die
Natur nicht nach einem Schema arbeitet, lehrt schon ein ver=
gleichender Blick auf diejenigen Libellenlarven, deren Imagines
ungleiche Vorder= und Hinterflügel besitzen, die Libelluliden und
Äschniden. Zwar sehen wir auch bei diesen zum Zeichen ihrer
nahen Verwandtschaft mit den Agrioniden die Unterlippe als
Fangorgan ausgebildet, aber Tracheenkiemen suchen wir an
ihrem kurzen und breiten Körper vergebens, der überhaupt in
seiner gesamten Gestaltung (Fig. 4) sich in viel höherem Grade
von der Imaginalform unterscheidet, als es bei den Agrioniden
der Fall ist. Wie atmen aber diese Larven, da ihre Luftlöcher
ebenfalls geschlossen sind und die feste Chitinhaut zum Gas=
austausch ganz ungeeignet ist? Hier hat die Natur einen ganz
anderen Weg eingeschlagen, indem sie den Ort des Gasaus=
tausches in den Darm verlegte.

Die äußeren Kiemenanhänge fehlen diesen Larven voll=
ständig. Wenn man sich jedoch die Mühe macht, ein größeres

Tier zu präparieren und den Darm freizulegen, um ihn mikro=
skopisch zu untersuchen, so findet man ihn in seinem hinteren
Abschnitt zu einem sehr leistungsfähigen Atmungsorgane um=
gebildet. Nimmt man eine Larve aus dem Wasser, so wird man

Abb. 4. Larve von Aeschna mit den Flügelrudimenten.
Originalzeichnung von C. Winkler=München.

in der Regel bemerken, daß sie einen kräftigen Wasserstrahl aus
der Afteröffnung ausspritzt. Dieses Strahles bedient sich das
Tier zur Flucht unter Wasser und schießt durch den Rückstoß eine
Strecke weit vorwärts. Da sie sich seiner zu dem angegebenen
Zweck zu bedienen pflegt, werden wir uns nicht darüber wundern

dürfen, daß sie ihn, von unseren Fingern ergriffen, auch außer=
halb des Waſſers von ſich gibt; denn ſie hat die Erfahrung, daß
er unter den natürlichen Bedingungen immer dahin wirkt, ſie
aus dem Bereich der Gefahr zu befördern. Daß dies außerhalb
des Waſſers nun nicht mehr zutrifft, iſt eine Erfahrung, welche
das Tier gar nicht machen konnte, weil es erſt im erwachſenen
Zuſtande das Waſſer verläßt. Aus der Beobachtung des Waſſer=
ſtrahles kommen wir zu dem Schluß, welchen die eingehende
Unterſuchung auch beſtätigt, daß die Larve einen Enddarm be=
ſitzt, welchen ſie durch Muskeltätigkeit mit Waſſer füllen und
wieder entleeren kann. Damit exiſtiert alſo eine im Inneren
des Körpers (im Maſtdarm) gelegene Fläche, welche beſtändig
mit friſchem Waſſer gebadet werden kann und dadurch ſehr
geeignet wird, zur Atmung zu dienen. Um dieſe Fläche zur
Steigerung der Sauerſtoffaufnahme zu vergrößern, treten ſechs
Doppelreihen kleiner Blättchen oder Wärzchen auf, in welche zarte
Tracheenzweige hineinragen und den dem Waſſer entnommenen
Sauerſtoff in alle Teile des Körpers weiterleiten. Die abgegebene
Kohlenſäure fließt mit dem langſam ausgeſtoßenen Atemwaſſer
durch den After ab. Der Enddarm wirkt alſo wie eine Saug=
und Druckpumpe; und wie wir bei den lungenatmenden Tieren
in mannigfacher Weiſe eine Vergrößerung der Atmungsfläche
herbeigeführt ſehen, ſo treffen wir auch hier Hervorragungen
der Darmwand, welche in den Darmhohlraum hineinhängend
rings vom Waſſer umſpült werden. Man könnte einwerfen,
daß dieſe inneren „Riemen“ bei ihrer Kleinheit doch kaum von
nennenswertem Nutzen für die Oberflächenvergrößerung ſein
dürften. Dagegen bedenke man jedoch, wie ſich der Nutzen der
Einzelkiemen ſummiert, wenn ihre Anzahl über 24 000 ſteigt,
wie es hier tatſächlich der Fall iſt. — Der Vollſtändigkeit wegen
ſei übrigens noch erwähnt, daß auch bei den Agrioniden, z. B.
bei der Larve, der ſchönen im männlichen Geſchlecht blauflügligen
Calopteryx, Darmatmung neben den äußeren Tracheenkiemen
vorkommt.

In dieſen Atmungsvorrichtungen haben wir ganz unzweifel=
haft Anpaſſungen an das Waſſerleben vor uns, welche als provi=
ſoriſche, funktionsfähige Larvenorgane nur der Jugendform eigen
ſind, der Imago dagegen fehlen. Wie nun bei der Verwandlung
im Anſchluß an die letzte Häutung die Larve ihre unvollkommenen
Organe zu den vollkommenen der Imago umbildet, ſo tritt hier
im Gegenſatz zu den Inſekten mit primären Larven noch eine
Komplikation dadurch hinzu, daß im Anſchluß an ebendieſelbe
letzte Häutung die Libelle von einem Waſſertier zu einem Land=
bewohner wird und daher auch derjenigen Organe ſich entledigen

muß (soweit sie wenigstens als äußere Anhänge hinderlich
werden) von welchen sie nur im Wasser Gebrauch machen kann.
Die provisorischen Larvenorgane haben ausgedient und werden
abgeworfen, wenigstens gilt dies für die äußeren Tracheenkiemen
unserer einheimischen Arten, während die Darmkiemen der
Äschna=Larven sich erhalten, ohne doch bei der Imago noch zur
Atmung zu dienen. Darin haben wir den interessanten Fall vor
uns, daß von der Jugendform erworbene Organe auf die Imago
nachträglich übergehen, die Imago also Organe erhält, welche sie
selbst niemals erworben
hat, noch als Lufttier er=
werben konnte. Wenn
sie bei der Häutung
nicht entfernt werden, so
dürfen wir annehmen,
daß sie dem fertigen Tier
weder hinderlich noch
schädlich sind, wenn sie
ihm auch nichts· mehr
nützen. — Ferner wird
in allen Fällen die pro=
visorisch gestaltete und in
dieser Form für die Imago
unbrauchbare Unterlippe
der Larve während der
letzten Häutung umge=
bildet.

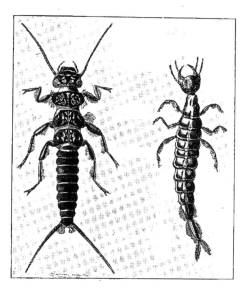

Abb. 5. Larven von Perla bipunctata
(links) und des Gelbrandschwimmkäfers
(Dytiscus).
Schwach vergrößert. Nach Miall.

Eine ganz ähnliche
Form der unvollständi=
gen Verwandlung be=
gegnet uns bei manchen
Plecopteren, die unter
dem Namen der Per=
liden oder Afterfrühlingsfliegen in Gebirgsgegenden ganz all=
gemein bekannt sein dürften, und deren Larven (Fig. 5) man
vorwiegend in Gebirgsbächen findet. Als sekundäre Larven er=
weisen sich die Jugendformen der Plecopteren dadurch, daß sie
ihre Anpassung an das Wasserleben an dem Besitz von Tracheen=
kiemen erkennen lassen, welche hier der Brust angehören, übrigens
aber nur einer beschränkten Anzahl von Arten zukommen. Wir
begreifen, warum es nur die größeren Arten sind, welche der
Kiemenanhänge zur Atmung bedürfen; denn bei ihrer Größe
muß die Körperhaut, an welche sich ja die Muskeln ansetzen, eine
gewisse Festigkeit besitzen, ihr Chitin muß eine bestimmte Dicke

haben, und kann nicht zart genug bleiben, um den Gasaustausch an der ganzen Körperoberfläche zuzulassen; dazu kommt noch, daß bei ihrer Größe das Verhältnis der Oberfläche zum Inhalt des Körpers ein für die Hautatmung wesentlich ungünstigeres ist, als bei den kleinen Arten, weil ja die Oberfläche im Quadrat, der Inhalt dagegen im Cubus wächst. Bei den kleineren Formen aber kann auch die Chitinschicht schon sehr dünn sein, ohne daß ihr unbedingt erforderlicher Festigkeitsgrad unterschritten würde. Damit aber wird die Haut zur Übernahme des Gasaustausches, einer Funktion, welche ja allgemein der Haut der Tiere ursprünglich eigen ist, wieder fähig und daher unterbleibt hier die Ausbildung besonderer atmender Hautorgane, als welche sowohl die offenen Tracheen (Hauteinstülpungen) als auch die Riemen (Hautausstülpungen) ihrer Entstehung nach anzusehen sind. Fallen aber die provisorischen Organe, in unserem Falle die Tracheenkiemen, fort und ist die Jugendform auch sonst nicht provisorisch organisiert, so kann sie nicht mehr als sekundäre Larve bezeichnet werden, sondern fällt ganz unter den Begriff der primären Larve, welche aus ihrem anfangs unvollkomm= neren Zustande schrittweise bei jeder Häutung zu der Imaginal= form wird, also keine Metamorphose durchmacht. Die Plecopteren sind also teils epimorph (primäre Larven) teils unvollkommen metamorph (sekundäre Larven).

Die schrittweise fortschreitende direkte Entwicklung sehen wir unter den sekundären Larven deshalb ganz besonders schön bei den Eintagsfliegen oder Ephemeriden (Fig. 6), weil hier sehr viele Stadien je einem kleinen Schritt der Fortentwicklung entsprechen; denn die Eintagsfliegen bestehen unter allen ge= flügelten Insekten die meisten Häutungen, nämlich bis 22! Schon hierdurch erweisen sie sich als recht ursprüngliche Insekten und wir werden annehmen dürfen, daß sie uns noch in der reinsten Form ohne jede bei den Insekten in der Regel ein= tretende Entwicklungskürzung den Weg veranschaulichen, auf welchem ursprünglich alle Insekten in ihrer nachembryonalen Lebensperiode von dem unentwickelten Zustande zu der Imaginalform gelangten. So sehen wir bei dem jungen Cloëon dipterum, einer sehr häufigen zweiflügligen Art anfangs die Brustsegmente noch im Wesentlichen ebenso gestaltet, wie die des Hinterleibes. Die Fühler sind kurz und die einfachen Punkt= augen jederseits in der Fünfzahl entwickelt, während die zu= sammengesetzten Augen noch fehlen. Am Hinterleib finden wir nur erst zwei Schwanzfäden und von den später auftretenden Tracheenkiemen fehlt noch jede Spur. In dieser Gestalt haben wir also fast noch eine primäre Larve vor uns, welche indessen durch den Verschluß der Luftlöcher und die Hautatmung sowie durch die Bewimperung der Schwanzfäden, welche beim Schwim= men unterstützend wirkt, schon etwas umgeformt und dem Wasser= leben angepaßt erscheint. Die Flügel fehlen noch vollständig. Die ersten, noch einfachen Tracheenkiemen erscheinen erst nach der zweiten Häutung in Gestalt von fünf Blättchen jederseits am 2. bis 6. Hinterleibsring und vermehren sich um zwei im Anschluß an die folgenden Häutungen. Nun nimmt auch die Brust allmählich eine andere Form an als die Hinterleibssegmente und am Kopf vergrößert sich jederseits ein Auge, aus welchem das zusammen= gesetzte Sehorgan des fertigen Tieres nach und nach hervorgeht. Am Ende des Hinter= leibes tritt die erste Anlage des mittleren Schwanzfadens hervor und wächst wie die seitlichen und die beiden Fühler unter Vermehrung der Anzahl ihrer Glieder langsam und immer im Anschluß an die Häutungen heran. Die Tracheenkiemen verdoppeln sich mit Ausnahme der ersten. Sehr lange wird die Entwicklung der Flügel zurückgehalten; das Tier hat Zeit, weil ihm seine zahlreichen Erneuerungen der Chitinhaut hinreichend Gelegenheit geben, sie zur Ausbildung zu bringen und es im Wasser ihrer noch nicht bedarf. Erst im 9. Stadium beginnen nach La Baume, dem wir eine sorgfältige und in= teressante Untersuchung der Ephemeriden= metamorphose verdanken und dessen Be= richt die hier gegebenen Daten entnommen sind, die Flügelanlagen als sehr kleine Aus=

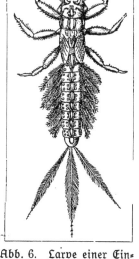

Abb. 6. Larve einer Ein= tagsfliege (Potaman- thus luteus). Nach Eaton. Schwach vergrößert.

stülpungen am Hinterrande des zweiten und dritten Brust= segmentes sichtbar zu werden, um sich dann ständig zu ver= größern, aber auch hier zunächst noch wie bei den bisher be= sprochenen Insekten ohne mit der Zunahme der Körpergröße gleichen Schritt zu halten. Die Hinterflügel stellen bald ihre Weiterentwicklung ein, weil wir in C. dipterum, wie der Name sagt, eine nur mit zwei (Vorder=)Flügeln ausgestattete Form vor uns haben. Hand in Hand mit diesen fortschreitenden Ent= wicklungsvorgängen bilden sich auch die Geschlechtsorgane aus und die Verschiedenheit zwischen dem männlichen und weiblichen Tier wird im 19. Larvenstadium schon äußerlich sichtbar.

Würde diese fortschreitende Entwicklung in der angegebenen Weise weitergehen, so würden auch die larvalen Organe auf die Imago übertragen werden müssen. Eine eigentliche Metamor= phose läge dann natürlich nicht vor. Die Ausbildung der Imago erfolgt aber nicht durch einen weiterbildenden Prozeß allein, sondern kennzeichnet sich dadurch als Metamorphose, daß durch einen rückschreitenden, entfernenden Vorgang die larvale Organisation zum Fortfall gebracht wird, indem die Tracheen= kiemen ganz und gar mit der letzten Larvenhaut abgeworfen werden und sich nicht wie bei den jüngeren Larven mit dem ganzen Körper mithäuten, d. h. nur ihr Chitin abwerfen und erneuern.

Nun haben aber die Ephemeriden noch eine besondere Eigen= tümlichkeit vor allen anderen Insekten voraus: sie häuten sich noch in einem schon flugfähigen Stadium, welches als Subimago bezeichnet wird und der Imago vorausgeht. Da schon diese Subimago die larvale Organisation nicht mehr besitzt, ist sie ein zweites (sich aber noch einmal häutendes) Imaginalstadium, kein letztes Larvenstadium. Bei allen sekundären Larven sahen wir bisher den Übergang von der Larve zur Imago nur an eine einzige Hauterneuerung geknüpft, das letzte der Imago voraus= gehende Stadium war eine echte Larve. Bei den Eintagsfliegen aber ist die Metamorphose an zwei Häutungen geknüpft, das vor= letzte Stadium ist schon keine Larve mehr, sondern eine Imago mit zum Fluge brauchbaren großen Flügeln.

Stellen wir uns vor, daß bei den ältesten Insekten unter zahlreichen Häutungen zunächst die Flügel in ihrer Entwicklung gleichen Schritt mit dem Wachstum des ganzen Körpers hielten, so müssen bei ganz allmählicher Annäherung an die Imaginal= form vor dieser schon Stadien mit großen Flügeln existiert haben. Diese geflügelten und auch wohl in den letzten Stadien schon flugfähigen Jugendzustände fielen allmählich aus, indem im Interesse der Materialersparnis die Flügel in der Entwicklung immer mehr zurückgehalten wurden, und nur bei den Ephemeriden mit ihren sehr zahlreichen Häutungen erhielt sich noch ein flug= fähiges Stadium vor der Imago. Da diese Subimago bereits das Wasser verläßt, verstehen wir, warum schon sie die Riemen abwirft und ihre Luftlöcher geöffnet bleiben, daher sie der Imago viel näher steht, als der letzten Larvenform. Auch sonst hat sie ganz imaginalen Charakter, daher der Schwerpunkt der Metamorphose hier ebenso bei dem Übergang der Larve in die Subimago liegt, wie bei der vollkommenen Verwandlung der tertiären Larven bei ihrer Häutung zur Puppe. Immerhin ist aber die Metamorphose mit dieser einen Häutung noch nicht vollendet; denn Subimago und Jmago (und in höherem Grade noch Puppe und Jmago der Jnsekten mit vollständiger Verwand=lung) sind noch immer voneinander verschieden. Wir werden übrigens noch sehen, daß es nicht angeht, die Subimago als eine Puppe zu bezeichnen; vorläufig ist als Unterschied festzuhalten, daß keine Puppe zu fliegen vermag.

Die Subimago der Ephemeriden ist jedenfalls eine sehr interessante Erscheinung in der Jnsektenwelt, weil sie direkt beweist, daß ein flugfähiges Jnsekt sich noch häuten kann, eine Tatsache, die wir sonst nur theoretisch annehmen könnten in der Erwägung, daß bei der ontogenetischen*) Wiederholung stammes=geschichtliche Zustände wieder auftreten müssen. Und wie die Vorfahren unserer Jnsekten nicht gleich fertige, flugfähige Flügel gehabt haben können, wenn die Abstammungs= und nicht die Schöpfungslehre recht behält, sondern deren Vergrößerung nur schritt= nicht sprungweise hat erfolgen können, bis sie (vielleicht aus Fallschirmen) zu brauchbaren aktiven Flugorganen wurden, so müßte bei ungestörter, ungekürzter Wiederholung dieses Ent=wicklungsprozesses eine ganze Reihe mit Flügeln von beträcht=licher Größe ausgestatteter Jugendformen auf dem Wege vom Ei bis zu der Jmago auftreten; von diesen hat sich nur die Subimago erhalten und beweist uns als letztes Dokument, daß die Vorstadien vor der Jmago, sofern sie nur Flügelstummel besitzen, nachträglich beeinflußte und somit stammesgeschichtlich jüngere Formzustände im nachembryonalen Entwicklungsverlauf der Jnsekten sind.

Wir haben in den vorstehenden Beispielen eine Reihe sekun=därer Larven kennen gelernt, welche dadurch stammesgeschichtlich entstanden sind, daß sich die Jugendformen an andere Verhält=nisse angepaßt haben, als die Jmagines. Nur so erklärt sich die Erwerbung provisorischer, nur der Larve eigener Organe. Dabei behalten jedoch diese Larven, selbst wenn sie in ihrer Ge=samterscheinung sich soweit von dem erwachsenen Tier ent=fernen, wie die Larven der Äschniden und Libelluliden, noch immer soweit den imaginalen Bautypus bei, daß man ihnen ihre Zugehörigkeit zu den Jmagines noch deutlich ansieht. Wir werden an diese Tatsache anknüpfen müssen, wenn wir uns darüber klar zu werden unternehmen, warum in der nach=embryonalen Entwicklung dieser Tiere mit sogenannter unvoll=ständiger Verwandlung ein Puppenzustand nicht auftritt. Um

---

*) Unter Ontogenesis (nicht „Ontogenie", wie vielfach falsch ge=schrieben wird) versteht man die Entwicklung des Einzeltieres vom Ei bis zum vollkommenen, selbst wieder zur Fortpflanzung fähiger Tiere.

diese Frage jedoch zur Entscheidung zu bringen, werden wir vor allem die dritte Gruppe von Larven kennen lernen müssen, von welcher wir nur bei den Insekten mit vollständiger Verwandlung Repräsentanten antreffen. Wir wollen diese Larven als tertiäre bezeichnen und vorläufig nur kurz darauf hinweisen, daß ausschließlich diese tertiäre Larve regelmäßig durch Vermittlung eines Puppenstadiums in die Imaginalform übergeht.

Versuchen wir zunächst eine nähere Kennzeichnung dieser Larven! Schon in ihrer ganzen äußeren Erscheinung sind sie von der Imago so grundverschieden, daß man die allgemeine Imaginalgestaltung des Tieres in seiner Jugendform nicht wiedererkennt. Dem Unbefangenen scheint die Raupe ein ganz anderes Tier zu sein, als der Schmetterling; er würde in dem Engerling den jungen Maikäfer, in der Made die junge Fliege nicht zu erkennen vermögen.

Während wir die junge primäre und sekundäre Larve von der Imago am weitesten entfernt und langsam die Umformung zur definitiven Gestalt stattfinden sahen, pflegt die junge, das Ei verlassende tertiäre Larve im Wesentlichen der ältesten Larve zu gleichen, daher diese letztere der Imago genau so unähnlich ist, wie jene. Es steht also der Imaginalform eine Reihe untereinander gleicher Larven gegenüber (Ausnahmen werden wir noch kennen lernen) und solange sich das Tier im Larvenzustande befindet, ist von einer fortschreitenden Entwicklung in der Richtung auf das Endziel, die Imago, bei äußerer Betrachtung nichts zu merken. Die Larve wächst nur. Abgesehen von den provisorischen, nur der Larve eigenen Organen, welche die tertiären Larven so gut besitzen wie die sekundären und welche beide Larvenformen von den primären Larven unterscheiden, erscheint hier die ganze Larve provisorisch. Sie ist zu einem ganz anderen Tier geworden, als die Imago, weil sie eine vollkommen andere Lebensführung angenommen und sich an diese in sehr vollkommener Weise angepaßt hat; eben dies aber konnte nur dann geschehen, wenn die Jugendform es nicht mehr nötig hatte, bei jeder Häutung für die Weiterentwicklung der imaginalen Organe zu sorgen, welche, nur der Anlage nach vorhanden und äußerlich nicht sichtbar, solange im unentwickelten Zustande verharren, bis der Zeitpunkt der Verwandlung gekommen ist. Diese erfolgt hier nicht mehr schrittweise, sondern durch einen Sprung, nicht mehr während des ganzen vorimaginalen Lebens wie bei den primären und sekundären Larven, sondern zu einer ganz bestimmten Zeit, der Zeit der Metamorphose, welche den ganzen stehengebliebenen Entwicklungsverlauf nachholt und dabei zugleich die larvale Organisation verschwinden läßt. Wir werden

noch sehen, welche Bedeutung bei dieser Umwandlung der Puppe
zukommt. Bleiben wir einstweilen bei den Larven und verfuchen
wir zu verstehen, welchen Vorteil es für das Tier hatte, daß
alle Larvenstadien untereinander (wesentlich) gleich wurden.

Je verschiedener die Lebens= und Ernährungsweise der
Jugendform von der der Imago wurde, in um so höherem Grade
mußte die Jugendform ihren besonderen Bedürfnissen Rechnung
tragen und sich abweichend gestalten. Dies war aber dann nicht
möglich, wenn zugleich die fortschreitende Entwicklung zur Imago
beibehalten wurde; denn über eine gewisse Grenze des Zugleich=
eriftierens larvaler und imaginaler Organe hinaus konnte das
Tier nicht zur selben Zeit larval oder provisorisch und imaginal
organisiert sein, ohne daß ein Monstrum zustande kam, eine
Mischform zwischen Larve und Imago, welche an keine mögliche
Lebensweise mehr erhaltungsmäßig angepaßt sein könnte. Wie
weit eine zugleich larvale (provisorische) und unvollkommen ima=
ginale Organisation höchstens gehen kann, lehren uns die Jugend=
formen, die wir als sekundäre Larven zusammengefaßt haben.
Darüber hinaus ist eine Steigerung der provisorischen (von der
imaginalen abweichenden) Organisation nur noch möglich unter
gleichzeitiger Unterdrückung der imaginalen Organisation, das
heißt: je mehr die fortschreitende Entwicklung zur Imago zurück=
gehalten wurde, um so freier konnte sich die Jugendform ihren
besonderen Bedürfnissen entsprechend gestalten. und je länger
dies geschah. um so längere Zeit konnte die Larve in unver=
änderter, also für sie zweckmäßigster Gestalt leben und ihre
Aufgabe erfüllen. Diese Lebensaufgabe der Jugendform ist selbst
bei den primären Larven schon naturgemäß eine andere, als
bei den Imagines. Wir dürfen annehmen, daß die spät er=
worbenen Flügel der Insekten niemals eine so weitgehende Be=
schleunigung ihres Wachstums und ihrer Entwicklung erfahren
haben, daß ein schon flugfähiges Insekt das Ei verließ. Waren
aber die ersten Jugendstadien noch sämtlich flügellos, so war schon
hiermit eine etwas andere Lebensführung notwendig verbunden,
als wir sie bei der flugfähigen Imago antreffen. Hiermit war
vielleicht die erste Möglichkeit zu der immer weiter auseinander
gehenden Gestaltung der jungen und erwachsenen Tiere gegeben.
Dazu kommt noch, daß die Jugendform in den ersten Stadien
nie geschlechtsreif ist, die ganze arterhaltende oder Geschlechts=
funktion mit allen ihren mannigfachen Anforderungen an das
Tier also wegfällt und ihm gestattet, ganz der Erhaltung des
Individuums zu leben, d. h. zu fressen und Refervenahrung zur
späteren Verwendung aufzuspeichern. Um heranzuwachsen be=
durfte das Tier reichlicher Nahrung, und diese sich in ihm zu=

sagender Form zu verschaffen, die Nährstoffe, welche die Um=
welt bietet, für sich auszunutzen, war und ist die einzige Sorge
der Jugendform, die sie zu den mannigfaltigen Anpassungen
bestimmte, für welche ihr das vorläufige Stehenbleiben der Ent=
wicklung zur Imago freien Spielraum gewährte.

Wir wollen uns nun zunächst das Gesagte an einer Reihe von
Beispielen klarer machen und zugleich die Erörterung der Frage
anknüpfen, ob wir wirklich dazu berechtigt sind, die tertiären
Larven als nachträglich unabhängig von der Imago umgestaltete
Jugendformen aufzufassen, oder ob nicht, wie man früher wohl
annahm, die larvale Organisation ererbt sei und die Larve uns
zeige, wie die Vorfahren der Insekten ausgesehen haben, oder
mit anderen Worten, ob diese tertiären Larven ontogenetische
Wiederholungen stammesgeschichtlich älterer Vorfahrenformen
seien oder nicht.

Eine bemerkenswerte Eigentümlichkeit haben die tertiären
Larven vor den sekundären und primären voraus: sie besitzen
niemals (von sehr seltenen Ausnahmen abgesehen) normalerweise
äußerlich sichtbare Flügelstummel. Die Insekten mit vollkom=
mener Verwandlung häuten demnach ihre Flügel im ganzen
Entwicklungsverlauf nur einmal, nämlich als Puppe. Nun sehen
wir, daß bei den Cicaden auch nur die sogenannte Nymphe Flügel=
stummel besitzt, die Flügel also auch bei ihr nur einmal gehäutet
werden. Aber die Cicadennymphe ist eben keine Puppe, sondern
das letzte Larvenstadium; und bei den Insekten mit vollständiger
Verwandlung hat das letzte Larvenstadium nur ganz ausnahms=
weise Flügelstummel, und sie treten anormalerweise auch wohl
einmal schon bei ihr, statt zuerst bei der Puppe auf, wie man
es bei der Larve des Mehlkäfers (Tenebrio molitor) und einigen
Raupen (Dendrolimus pini) gelegentlich beobachtet hat. Die von
der Regel abweichenden Fälle deuten darauf hin, daß bei den
Vorfahren der jetzt lebenden Insekten mit vollkommener Meta=
morphose auch die Larven noch Flügelstummel besessen haben.

Dieser Flügelmangel der tertiären Larve wirkt in sehr
bemerkenswerter Weise auf die gesamte Modellierung des
Körpers zurück: einmal deswegen, weil die Brustsegmente durch
die ihnen ansitzenden Flügel sowie durch deren Muskeln in ihrer
Form bestimmt werden, welche genügenden Raum und aus=
reichende Ansatzflächen für sich beanspruchen, und ferner weil sie
das Tier zwingen, den ganzen Körper so zu gestalten, daß er zum
Halten des Gleichgewichts und zum Festhalten einer bestimmten
für den Flug unerläßlichen Lage geeignet sei. Nach dieser Rich=
tung hin durch den Flügelmangel entlastet, kann die tertiäre
Larve einen Thorax besitzen, welcher sich häufig nur durch den

Befitz der drei Beinpaare von den Hinterleibsfegmenten unter=
fcheidet und das ganze Tier walzig (z. B. Raupen) oder mit Aus=
fchluß des Kopfes gleichartig gegliedert erfcheinen läßt. Auch
die Geftalt, Länge und Schwere des Abdomens (Hinterleibes)
muß bei dem geflügelten Infekt ftets in Einklang mit der Lage,
Größe und Leiftungsfähigkeit der Flügel und der Schwere des
Dorderkörpers ftehen. Man könnte fich den plumpen Engerling

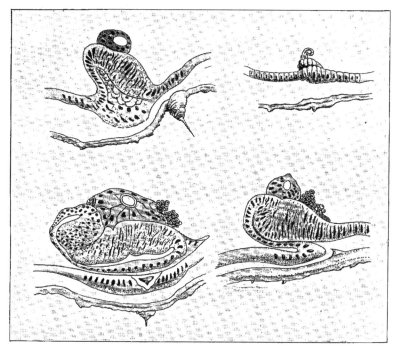

Abb. 7. Imaginalanlagen der Flügel des Kohlweißlings (Pieris
brassicae) in verfchiedenen Entwicklungsftadien.
Stark vergrößert. Nach Gonin.

ebenfowenig wie die langgeftreckte Raupe fliegend vorftellen,
felbft wenn fie Flügel befäßen. Beide Larvenformen konnten, wie
viele andere auch, nur entftehen, wenn fie fich ganz unabhängig
von dem Befitz der Flügel und des Flugvermögens zu geftalten
vermochten.

Woher kommen nun, wenn die Larve fich in die Puppe ver=
wandelt, plötzlich deren mehr oder minder lange Flügel? Hat
die Larve gar keine Spur diefer fpäter fo wichtigen Organe mehr
behalten, aus welcher fie hervorgehen können, fobald das erwach=
fene Tier ihrer bedarf? — Die tertiäre Larve hat allerdings

Flügelanlagen, wenn auch nicht mehr in Gestalt stummelförmiger äußerer Anhänge. Diese Anlagen sind eingestülpt und in das Innere des Körpers unter die Haut verlagert, wo sie Raum genug finden, solange sie sich nicht weiter entwickeln, als es bei den Larven geschieht. Sind aber diese Flügelanlagen, deren Form die Fig. 7 in mehreren Stadien veranschaulicht, schon der Larve eigen, so deutet dies darauf hin, daß die tertiäre aus der sekundären oder primären Larve hervorgegangen ist, bei welcher die Flügelstummel noch als Ausstülpungen der Haut äußerlich sichtbar sind; und die Form der Flügelanlage als Einstülpung beweist, daß sie erst nachträglich ins Innere verlagert wurde, denn ursprünglich kann eine Flügelanlage überhaupt nur als Hautausstülpung vorgestellt werden. Als solche ist ohne Zweifel der Flügel bei den Insekten zuerst entstanden, unmöglich zuerst als Einstülpung; sonst hätten die ersten geflügelten Insekten innere Flügel gehabt! Wie in der angedeuteten Weise die Flügel in ihrer Entwicklung zurückgehalten (retardiert) wurden und sich bei der Larve nur in Gestalt der sogenannten Imaginalanlagen erhalten, so finden wir auch für alle anderen Organe, welche der Larve noch fehlen, solche Imaginalanlagen. Somit besitzt die tertiäre Larve der Anlage nach zwar alle Organe, die wir bei der Imago antreffen, ein Beweis, daß die Larve in ihrer Existenz die Imago voraussetzt, d. h. daß es in der Stammesentwicklung früher Imagines gab, als tertiäre Larven, — aber diese Anlagen bleiben unentwickelt bis zur Metamorphose. Selbstverständlich wäre es ganz falsch, solche Anlagen als Rudimente oder verkümmerte Organe zu bezeichnen; denn sie entwickeln sich später weiter und sind nur vorläufig in der Entwicklung zurückgehalten, weshalb wir sie so gut als retardierte bezeichnen können, wie z. B. die Flügelstummel; nur der Grad der Retardation ist verschieden und höher bei den tertiären als bei allen übrigen Larven. Sehen wir uns nun diese Imaginalanlagen noch etwas näher an!

Es wurde schon gesagt, daß bei der Häutung nur die Chitinschicht abgeworfen und erneuert wird, die darunter befindliche Lage lebender Hautzellen sich dagegen erhält. Bei der vollkommenen Metamorphose aber ist auch diese Haut der Larve nicht mehr mit jener der Imago identisch. Die Hautzellen der Larve und zwar sämtlicher Larvenstadien sind merklich größer und weniger zahlreich, als die der Imago. Nun findet bei der Metamorphose nicht eine einfache Umbildung dieser Zellen statt, sondern die Hautzellen der Imago gehen aus scheibenförmigen Zellpolstern hervor (Fig. 8) welche als Imaginalanlagen schon die Larve besitzt. Damit erscheint die ganze Haut der Larve

proviſoriſch und nachträglich bedürfnismäßig umgeſtaltet.
Urſprünglich ſah ſie anders aus, das beweiſen die in der Ent=
wicklung zurückbleibenden Hautreſte, die Hautimaginalſcheiben,
mit welchen das Tier während der Larvenperiode gleichſam im
Gedächtnis behält, welches Endziel ſeiner vorläufig ganz vom
geraden Wege abgewichenen Entwicklung es zu erreichen hat.
Dieſe bei der Larve nur in Geſtalt der Imaginalſcheiben erhalten
gebliebenen Hautpartien entſprechen der urſprünglichen Häut;
und wie dieſe bei der Ausbildung der ganz anders beſchaffenen
Larvenhaut — man vergleiche etwa eine Fliegenmade mit der
Fliege! — bis auf geringe Reſte verdrängt wurde und vorläufig

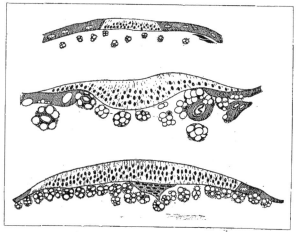

Abb. 8. Querſchnitte durch die Imaginalſcheiben der Haut
einer Fliege. Oben im Larven=, unten im Nymphenſtadium.
Stark vergrößert. Nach Kowalewsky.

nur in dieſen erhalten blieb, ſo verſchwindet während der Meta=
morphoſe die Hautzellenſchicht der Larve in demſelben Maße, in
welchem ſich die Imaginalſcheiben ausbreiten, um zur Imaginal=
haut zu werden (Fig. 8 unten).

Das Auftreten der Imaginalſcheiben iſt nicht bei allen
Inſekten an den gleichen Zeitpunkt gebunden. Bei den Fliegen
und Schmetterlingen findet man ſie ſchon in dem jungen noch
im Ei befindlichen Tier; bei anderen Inſekten treten ſie erſt
viel ſpäter auf und nicht alle gleichzeitig bei demſelben Indi=
viduum. Darin wird man indeſſen keine prinzipiellen, ſondern
nur gradweiſe Verſchiedenheiten ſehen können. Die Entwicklung
der imaginalen Organe wurde bald ſtärker, bald ſchwächer zurück=
gehalten.

Wir finden nun nicht nur für die Haut und die Flügel der Imago Anlagen bei der Larve, sondern für alle imaginalen Organe, welche der Larve (äußerlich sichtbar) fehlen: für die Beine des Thorax bei den beinlofen Larven, für die zusammen= gefetzten Augen, welche allen tertiären Larven mit der einzigen mir befannten Ausnahme von Corethra fehlen, für den Kopf mit feinen Anhängen bei den Fliegenlarven (Fig. 9). Man wird in diefen Fällen gewiß nicht behaupten wollen, daß die Fliegenlarve beifpielsweife den wurmähnlichen Vorfahren des Infektenftammes entfpreche; denn dann könnte fie fein Chitin haben und dürfte in ihrer inneren Organifation nicht ein typifches Infekt fein, was fie doch tatfächlich ift. Auch würde man nicht verftehen, woher fie die Imaginalanlagen hätte. Es bleibt darum feine andere Auffaffung möglich, als daß wir es in der Made mit einer Larve zu tun haben, welche erft nach= träglich ihre jetzige Geftalt angenommen und fich dabei unge= heuer weit von der Imago entfernt hat und welche nicht als eine ontogenetifche Wiederholung einer weit zurückliegenden wurm= ähnlichen Ahnenform angefehen werden kann. Die überein= ftimmung mit einem Wurm in der äußeren Form ift bei genauerer Prüfung nur fehr oberflächlich und erft nachträglich zuftande ge= kommen, wie die Fifchähnlichkeit der Wale, die doch Säugetiere find. Die in Kot, Kadavern, Humus und anderen weichen Sub= ftanzen bohrenden Fliegenlarven können den Fliegenkopf mit feinem Rüffel und feinen hochentwickelten Augen durchaus nicht gebrauchen, ebenfowenig die Flügel und Beine; deshalb halten fie deren Entwicklung vorläufig zurück und paffen fich ihrer Um= gebung an, indem fie die bekannte für ihre Lebensführung durchaus zweckmäßige Form annehmen.

Während fich in der Zurückhaltung der Entwicklung imagi= naler Organe die negative Umgeftaltung der Jugendform bei den tertiären Larven fehr viel deutlicher ausdrückt, als bei allen anderen Larvenformen, fo finden wir andererfeits fehr zahlreiche und verfchiedenartige Merkmale dafür, daß auch hier eine pofitive Umformung, eine vorwärtsfchreitende Entwicklung ftattgefunden hat, welche einftweilen ganz andere Ziele verfolgt und erreicht, als die definitive Ausbildung der Imaginalgeftalt. Diefe provifo= rifche, larvale Organifation hat nicht nur fchon vorhandene Organe für eine andere Verwendung, als für welche fie urfprüng= lich beftimmt waren, umzubilden verftanden, fondern fie hat auch neue Organe gefchaffen, welche nur Wert und Bedeutung für die Larve haben, dagegen für die Imago mit ihrer ganz anderen Lebensweife zwecklos und wenigftens überflüffig, vielfach aber auch hinderlich und fchädlich fein würden.

Wir wollen zuerst diejenigen provisorischen Organe be=
trachten, welche durch Umbildung aus den ursprünglich auders
gestalteten einer solcheu Jugendform hervorgegangen sind, welche
der Imago noch näher stand, als die tertiäre Larve und dieser
letzteren stammesgeschichtlich vorausging. — Unter den Käfern
finden wir eine in dieser Weise entstandene provisorische Bildung
bei den Dytiskus=Larven (Fig. 5 rechts) in Gestalt der Saugzange
des Kopfes, welche den Vorderkiefern (Mandibeln) der Imago
entspricht. Bei dem Käfer als kräftiges zum Zerkleinern seiner
Fleischnahrung dienendes Kauorgan ausgebildet, ist dieser Kiefer
bei der Larve in seiner gestreckten,
sichelförmigen Gestalt zum Zerkleinern
der Nahrung ungeeignet und das Tier
wäre unfähig, die Nahrungsbissen auf=
zunehmen, weil seine Mundöffnung
fast ganz verschlossen ist. Man wird
mit der Vermutung kaum fehlgehen,
daß dieser Verschluß des Mundes erst
im Anschluß an die Ausbildung der
Saugzangen zustande kam, weil diese
die ursprüngliche Eingangspforte in
den Darm überflüssig machten; denn
die larvalen Mandibeln sind von einem
Kanal durchsetzt, welcher sich einerseits
nach außen, andrerseits in das vordere
Darmende öffnet. Die spitzen Zangen
dringen in das Beutetier ein, welches

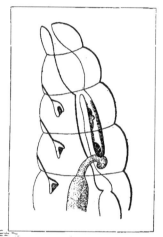

Abb. 9. Schema der Anord=
nung der Imaginalscheiben bei
einer Fliegenlarve.

Nach Van Rees.

durch eine aus der Endöffnung aus=
tretende Flüssigkeit schnell getötet wird.
In dieser giftig wirkenden Substanz
hat die schwache Larve eine Waffe zur Verfügung, welche es ihr
gestattet, auch große und stärkere Tiere anzugreifen; doch ist
dies nicht der einzige Vorteil, den sie durch die austretende
Flüssigkeit genießt, denn diese ist fähig, alle Gewebe (mit Aus=
nahme des Chitins) aufzulösen und so in eine Form überzuführen,
in welcher sie von der Larve aufgesogen werden können. Das
räuberische Tier vermag also seine Beute so vollständig wie
möglich auszunutzen und ist nicht nur auf deren schon von Natur
flüssigen Leibesinhalt angewiesen. Der starke mit muskelkräf=
tigen und schnell fördernden Ruderbeinen ausgerüstete, durch
seinen harten Chitinpanzer und seine festen Deckflügel geschützte
Käfer bedarf zur Bewältigung seiner Beute des Giftes nicht und
seine harten Kiefer zerkleinern sogar starkes Chitin, wovon man
sich durch Untersuchung seines Kropfes überzeugen kann.

3*

In einer weitab von den Käfern stehenden Insektenordnung begegnen wir wieder Larven, welche im Gegensatz zu ihren kauenden Imagines saugende Mundteile besitzen. Am bekanntesten ist wohl der Ameisenlöwe (Siehe Titelbild), dessen gedrungene Larve ganz wesentlich anders aussieht, als das erwachsene Tier, welches als Ameisenjungfer mit seinem schlanken, gestreckten Hinterleib und seinen vier glashellen Flügeln eine weitgehende Ähnlichkeit mit den Libellen zeigt. Darüber werden wir uns nicht mehr wundern, wenn wir die Larve als Bewohnerin sandigen Bodens kennen lernen, welche mit ihrem kegelförmigen etwas zusammengedrückten äußerst kräftigen Hinterleib sich schnell und geschickt durch den lockeren Sand bohrt und ihre Fangtrichter in jener leicht von jedem Naturfreund zu beobachtenden Weise als Fallen für andere Insekten herstellt. Man kann diese Ameisenlöwen sehr leicht in der Gefangenschaft halten und wird sich dann davon überzeugen, daß sie keineswegs allein auf Ameisen angewiesen sind. Ich habe gefangene Larven, die bei reichlicher Nahrung unbedenklich in größerer Anzahl in demselben Gefäß gehalten werden können, ohne daß sie einander anfallen, Fliegen der verschiedensten Arten, Raupen des Goldafters und Ringelspinners in halb und ganz erwachsenem Zustande, Blattflöhe (Psylliden) und Zwergzikaden (Cicadelliden) sowie kleine Schmetterlinge (Microlepidopteren) aussaugen sehen, während Wanzen und kleine Käfer regelmäßig verschmäht wurden, sei es des üblen Geschmackes, sei es der harten Chitinbedeckung wegen. Die Saugzange wird hier nicht von den Vorderkiefern (Mandibeln) allein gebildet, sondern von ihnen und dem dahinter gelegenen Kieferpaar (erste Maxille). Beide legen sich derart aneinander, daß ein Saugrohr jederseits hergestellt wird. Der Mund ist so geschlossen, daß nur je eine rechte und linke Öffnung mit dem Kieferkanal in Verbindung tritt.

Ähnlich sind die Larven der gleichfalls zu den Neuropteren gehörenden Goldaugen (Chrysopa) ausgestattet. Die Imago ist wohl jedem schon einmal an die Lampe geflogen und durch ihren grünen Körper und ihre goldenen Augen aufgefallen, die Larve aber, den sogenannten Blattlauslöwen muß man schon suchen, um ihn genauer kennen zu lernen, denn sie treibt sich raubend zwischen Pflanzen- und Strauchwerk herum und stellt den Blattläusen nach, die sie ähnlich wie der Ameisenlöwe aussaugt.

Diese Neuropterenlarven sind insofern besonders interessant, als wir in der Regel saugende Mundteile bei den Imagines solcher Insekten antreffen, deren Larven kauende Kiefer besitzen. Zweifellos ist der Saugapparat die später erworbene höher

ſpezialiſierte Form; ſie bei den Imagines zu treffen wird uns
daher nicht ſo ſehr in Erſtaunen verſetzen, als ihm bei der Larve
zu begegnen. Für die Jugendform aber beweiſt die Ausbildung
von Saugzangen, daß ſie höher ſpezialiſiert iſt, als ihre Imago,
welche die Nahrung zerkaut, wie urſprünglich alle Inſekten es
getan haben. Die Larve muß alſo nachträglich als ſolche ent=
ſtanden ſein und kann ihre Saugzangen nicht von ſaugenden Vor=
fahren ererbt haben.

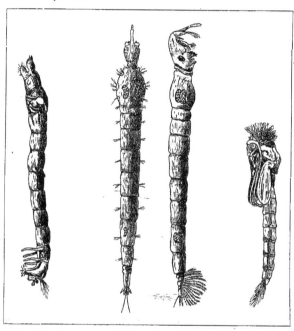

Abb. 10. Larven und Nymphen deutſcher Mückenarten.
Links Larve von Chironomus, in der Mitte zwei Larven
von Corethra, rechts Nymphe von Chironomus.
Schwach vergrößert. Nach Hennegu y.

Als eifrige Blattlausjäger kennen wir außer dem Goldauge
z. B. die Larven der Marienkäfer (Coccinellidae), welche zwar
dieſelbe Lebensweiſe führen, wie der Blattlauslöwe, ohne doch
Saugzangen zu beſitzen. Daraus erſehen wir, daß die gleiche
Lebensweiſe keineswegs zwei von Hauſe aus verſchiedene Tiere
zwingt, die gleiche Organiſation anzunehmen, wie häufig auch
ähnliche Bildungen durch die übereinſtimmende Lebensweiſe her=
vorgerufen werden können, wofür uns auch unter den Inſekten=
larven noch Beiſpiele begegnen werden.

Einen ganz anderen und recht intereſſanten Fall nachträg=
licher Umgeſtaltung der Organe finden wir bei der Corethra=

Larve (Fig. 10); wie zahlreiche andere Mückenlarven lebt auch diese im Waſſer und ſchwebt in ihm in wagerechter Haltung und vollkommener Ruhe. Nur wenn ſie geſtört wird, flieht ſie mit einem kräftigen Ruderſchlag. Sonſt bleibt ſie unbeweglich, bis etwa ein kleiner Krebs in den Bereich ihrer Kiefer kommt, den ſie alsbald ergreift und verſchlingt. Die Umformung, welche uns hier intereſſiert, betrifft das Tracheenſyſtem. Da die Tiere durchſichtig ſind, kann man ſchon mit der Lupe, ja mit unbewaffnetem Auge ein vorderes und ein hinteres Tracheenblaſen= paar bemerken, deren eins im dritten, das andere im zehnten Körperſegment liegt. Jede Blaſe iſt nierenförmig und ſchwärz= lich gefärbt. Sie ſtehen auffallenderweiſe mit den übrigen

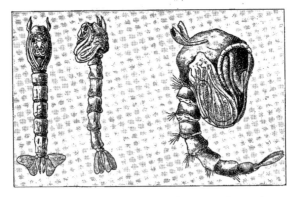

Abb. 10a. Links zwei Nymphen von Corethra, rechts Nymphe von Culex.
Schwach vergrößert. Nach Hennegun.

Tracheen des Körpers nicht in Verbindung und öffnen ſich ebenſo= wenig wie dieſe nach außen; denn Luftlöcher fehlen der Larve vollſtändig und ſie iſt gezwungen, durch Vermittlung der Haut den Sauerſtoff der im Waſſer enthaltenen Luft aufzunehmen. Die Blaſen haben die Bedeutung eines hydroſtatiſchen Apparates, d. h. ſie haben die Aufgabe, das geſtreckte Tier im Waſſer in ſeiner wagerechten Lage ſchwebend zu erhalten. Die vorderen Blaſen ſind naturgemäß größer als die hinteren, weil der ſchwerere Vorderkörper entſprechend mehr erleichtert werden muß, damit die horizontale Lage erhalten bleibt. Bei der Ver= puppung gehen die hinteren Blaſen verloren und damit ändert ſich die Lage des Tieres im Waſſer derart, daß der Vorderkörper ſich hebt und der Hinterleib herabſinkt. Man wird die Ent= ſtehung dieſer mit Luft gefüllten Tracheenblaſen als eine nach= trägliche Erwerbung der Larve auffaſſen dürfen, als eine Um=

bildung oder proviſoriſche Geſtaltung, welche in dieſer Form nur für den Aufenthalt im Waſſer von Wert und Bedeutung ſein kann. Schon das Verſchwinden der hinteren Blaſen bei der Puppe zeigt, daß wir es mit einer vorübergehenden larvalen Anpaſſung zu tun haben. Wir werden ſpäter ſehen, daß die innere Organiſation der tertiären Larven ſehr von der imaginalen abweichen kann, nicht nur, indem ſie einfacher erſcheint, ſondern vielfach auch dadurch, daß gewiſſe Organe eine höhere Spezialiſierung erfahren haben, als bei der Imago.

Wir ſahen ſchon, daß auch die Haut der Larve eine proviſoriſche Ausbildung erfährt, indem ſie den beſonderen Bedürfniſſen der Jugendform in ihrer Beſchaffenheit und der Geſtaltung ihrer Anhänge Rechnung trägt. Wie enorm weit der Unterſchied zwiſchen der larvalen und imaginalen Haut gehen kann, lehren uns ſehr deutlich zahlreiche Schmetterlinge. Da ſehen wir die Raupen vieler Tagfalter mit großen verzweigten Dornen ausgeſtattet, von welchen der Schmetterling keine Spur mehr erkennen läßt und die auch der Puppe ſchon fehlen. Andere Raupen beſitzen ein dichtes und langes Haarkleid von ganz anderer Beſchaffenheit, als die Imago, wie z. B. die ſogenannten Bärenraupen und die mit zierlichen Bürſten und Pinſeln ausgeſtatteten Larven der Orgyia- und Daſychira-Arten (Fig. 11), wie denn überhaupt die Mannigfaltigkeit in der Ausbildung von Hautanhängen gerade bei den Raupen ungeheuer groß iſt. Auch das bekannte „Schwanzhorn“ der Schwärmer-(Sphingiden)Raupen kehrt bei der Imago nicht wieder und iſt bei der Puppe nur noch ausnahmsweiſe vorhanden; und die Trichterwarzen, welche ſich bei den Lipariden-Larven (deren bekannteſte der unſere Obſtgärten verwüſtende Goldafter, der Schwammſpinner und die den Fichtenforſten verderbliche Nonne ſein dürften) am 9. und 10. Körperſegment auf der Rückenſeite vorfinden, durch ihre meiſt auffallende Färbung leicht zu erkennen ſind und auf Reiz vorgeſtülpt werden, ſind ausſchließlich larvale, alſo proviſoriſche Organe, welche ein ſaures Sekret austreten laſſen und als Schutzapparate aufgefaßt werden.

Wenn nachgewieſen werden könnte, daß die Lepidopteren (Schmetterlinge) urſprünglich zwei Paare von Speicheldrüſen beſeſſen haben, ſo würde dasjenige Paar, welches bei der Raupe als Spinn- oder Seidendrüſe auftritt, nur ein umgebildetes Speichel-Organ ſein; iſt jedoch urſprünglich nur ein Speicheldrüſenpaar vorhanden, ſo ſind die Spinndrüſen entweder Neuerwerbungen oder vielleicht aus uralten ererbten Nierenorganen hervorgegangene Apparate, von welchen die Larve in mannigfachſter Weiſe Gebrauch macht: zur Herſtellung von Neſtern,

zum Kriechen an glatten Flächen, die sie mit Spinnfäden über=
zieht; zum Zusammenspinnen von Blättern, um einen geschützten
Ort zur Häutung zu gewinnen; zur Herstellung eines Stiles,
an dem sie sich von der Nährpflanze herabläßt oder das sie vor
dem Herabfallen bei starker Erschütterung durch den Wind oder
Regen schützt; zum Weben der Kokons, der Hülle, welche der
Puppe in vielen Fällen eine sichere Lagerstatt gewährt, oder
zum Festheften des Hinterleibes an einem Gegenstande vor dem
Übergang in das Puppenstadium. Diese Spinndrüsen werden
während der Puppenperiode vollständig aufgelöst und fehlen der
Imago durchaus. Es ist leicht zu erkennen, daß ein erwachsenes
Tier mit der Organisation und Lebensweise des Schmetterlings
mit Spinndrüsen nichts anzufangen wüßte und darum diese eigen=
artigen Organe nicht wohl erworben haben kann; ihr vielseitiger
Nutzen für die Larve liegt dagegen klar zutage.

Wir finden übrigens Spinndrüsen nicht nur bei den Lepi=
dopteren=Raupen, sondern auch bei den Larven der Trichopteren,
jenen bekannten Gehäusebewohnern des Wassers, vieler Haut=
flügler (Hymenopteren), der Siphonaptera (Flöhe) und mancher
Blattkäfer (Chrysomeliden). Besonders merkwürdig sind sie bei
den Neuropterenlarven (Ameisenlöwe, Goldauge), wo sie nicht
als eine besondere Art von Speicheldrüsen auftreten, sondern
dem Enddarm angehören.

Sehr auffallende provisorische Verhältnisse zeigt der Darm
mancher tertiärer Larven; sie lassen sich nur aus der beson=
deren Ernährungsweise dieser Tiere erklären. Während wir
ganz allgemein bei den Insekten einen schlauchförmigen Darm
antreffen, welcher mit Ein= und Ausgangsöffnung versehen ist,
daher die Nahrung, soweit sie nicht verdaut werden kann, aus
der Endöffnung als Kot entleert wird, finden wir bei diesen
Larven den Zusammenhang des Mitteldarms mit dem End=
darm aufgehoben. Die Tiere vermögen infolgedessen keinen
Kot zu entleeren, haben es aber auch nicht nötig, weil bis auf
geringe sich ansammelnde Reste die gesamte Nahrung ver=
daut wird. Die Bienen=, Wespen= und Ichneumonidenlarven,
manche Fliegenlarven (Pupiparen) und die Jugendformen der Netz=
flügler (Hemerobius, Myrmeleon, Chrysopa) sind Beispiele für
dies eigenartige Verhalten. Alle leben von flüssigen Substanzen,
welche fast restlos verdaulich sind und entfernen die etwa vor=
handenen geringen unbrauchbaren Reste erst bei der Meta=
morphose aus dem Darm. Bei dem ausgebildeten Tier besteht
dann der Zusammenhang mit dem Enddarm wieder.

Daraus, daß der Enddarm ganz außer Funktion gesetzt ist,
erklärt sich auch, wie es möglich war, daß bei den genannten

Neuropterenlarven in ihm Spinndrüfen zur Ausbildung kommen
konnten. Wo der Enddarm zur Kotentleerung dient, würde
ein Spinnorgan in ihm wohl nicht entstehen können.

Bei den Wespen und Bienen wird durch Darbietung ge=
eigneter Nahrung von seiten der Arbeiter die Kotentleerung
überflüssig und damit die Wabe vor Verschmutzung bewahrt.
Der funktionslose Enddarm konnte sich gegen den Mitteldarm
abschließen.

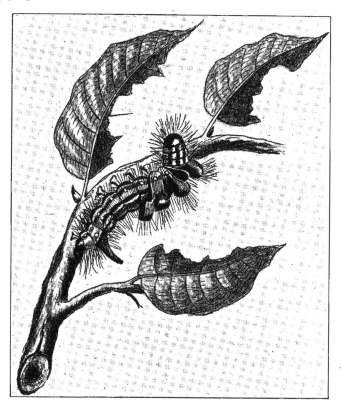

Abb. 11. Raupe von Dasychira pudibunda.
Nach Eckstein.

Die Ichneumonidenlarven leben als Parasiten im Körper
anderer Insekten, wo sie sich von dem Blut und teilweise wohl
auch von dem Fettkörper ihres Wirtes ernähren. Beides sind
schon durch einen Organismus verarbeitete und vorbereitete
Nährstoffe, welche restlos von der Darmwand aufgenommen
werden können, daher auch hier der Enddarm außer Tätigkeit
gesetzt wird. Das hat in diesem Falle noch einen anderen Vor=

teil: würde der Parasit seinen Kot in die Leibeshöhle des Wirtes entleeren, so müßte dieser schwer geschädigt werden und bald eingehen; damit aber würde die schmarotzende Larve ihrer Nahrungsquelle beraubt sein, noch bevor sie erwachsen wäre und müßte, unfähig einen anderen Wirt aufzusuchen, zugrunde gehen, ohne jemals das Endziel ihrer Entwicklung zu erreichen.

Die Pupiparen endlich machen den größten Teil ihrer Ent= wicklung im mütterlichen Körper durch und werden durch ein Sekret ernährt, welches von den Uterusdrüsen der Mutter zu= bereitet wird, also schon für sie besonders vorbereitet ist und von dem jungen Tier verschluckt und restlos verdaut wird. Die Larven verpuppen sich gleich nach der Geburt. Hieraus erklärt sich auch bei ihnen der Verschluß des Mitteldarms gegen den Enddarm infolge der Funktionslosigkeit des letzteren. Daß bei dieser bequemen, gleichsam parasitischen Ernährung, auch die Mundhaken zum Fortfall kommen, welche wir bei den meisten Fliegenlarven antreffen, versteht sich leicht daraus, daß diese Maden ihrer nicht bedürfen. — Wir haben hier eine Reihe recht interessanter nachträglicher Anpassungen vor uns, welche eben nur die Larve in engster Abhängigkeit von ihrer beson= deren und abweichenden Lebensführung hat erwerben können, und wir vermögen mit Sicherheit zu erkennen, daß der Mangel der Beine, welche doch den Insekten zweifellos ursprünglich eigen sind, auf die Lebensweise zurückzuführen ist: weder die schmarotzenden Ichneumonidenlarven noch die Wespen= und Bienenlarven wären in der Lage, ihre Beine benutzen zu können, so wenig wie die in weichen Substanzen bohrenden Fliegen= maden, und so haben wir denn damit eine Reihe schöner Bei= spiele dafür, wie der Nichtgebrauch bei den verschiedensten Larvenformen zum Verlust der Extremitäten geführt hat. Da= durch werden diese Larven nachträglich einander ähnlich, nähern sich dem wurmförmigen Typus oder der Made mehr oder minder an, ohne daß doch diese Ähnlichkeit auf einer näheren Verwandt= schaft beruht, d. h. von gemeinsamen Vorfahren ererbt ist. Wir haben es hier vielmehr nur mit jener Erscheinung zu tun, welche eine nachträgliche Folge gleicher Lebensweise ist und als Konvergenz bezeichnet wird. Überall da, wo die Larven ihrer Beine zur Ortsbewegung bedürfen, um sich ihre Nahrung zu verschaffen, sind sie wohl entwickelt. Da aber, wo das Tier von reichlicher Nahrung umgeben ist, diese stets zur Verfügung hat und nicht zu suchen braucht, verkümmern und verschwinden oft die Organe zur Fortbewegung, ohne damit jedoch auch für die Imago verloren zu gehen. Das zeigen sehr schön auch die

Larven der Buprestiden (Prachtkäfer), Curculioniden (Rüssel=
käfer), Scolytiden (Borkenkäfer), Cerambyciden (Bockkäfer), welche
in Holz und Rinde leben, durch welche sie sich weiterfressen und
kotgefüllte Gänge hinterlassen. Daß solchen Tieren, welche ihr
ganzes Larvenleben im Dunklen zubringen, die Augen fehlen, ist ein
weiterer Beweis für das Verschwin=
den nicht mehr gebrauchter Organe.

Bei zahlreichen Käferlarven
ragen über das Hinterleibsende
paarige Anhänge von verschiedener
Form und Länge hinaus. Da ähn=
liche Fortsätze auch bei den Ima=
gines tieferstehender Insekten ver=
breitet sind, wird man in ihnen
ursprüngliche, ererbte Organe sehen
dürfen. Bei manchen Laufkäfer=
(Carabiden=) Larven sind diese An=
hänge, die sogenannten Cerci, ziem=
lich einfach, mit einigen Borsten
bedeckt und konisch und mögen in
diesem Falle als nachträglich wenig
veränderte rückgebildete abdominale
Extremitäten angesehen werden
können, welche aus altererbten An=
lagen von Hinterleibsbeinen (die
der Embryo im Ei noch besitzt)
hervorgegangen sind, die von den
Insektenahnen noch ebenso benutzt
wurden, wie etwa von den viel=
beinigen Tausendfüßern. Aber bei
anderen Larven dieser Familie z. B.
bei Carabus auronitens, sind sie
zweifellos nachträglich stark ver=
ändert, indem sie eine bestimmte
Aufgabe übernommen haben, welche
die Lebensweise der Larve mit sich
brachte. Sie laufen an ihrem Ende
in einen spitzen Dorn aus, welcher

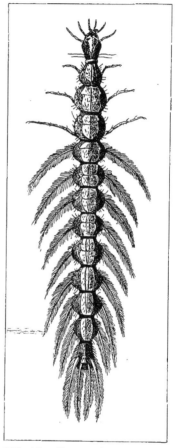

Abb. 12. Larve eines Taumel=
käfers (Gyrinus marinus).
Schwach vergrößert. Nach Schiödte.

abwärts gekrümmt ist und eine ebenso starke Chitinisierung erfahren
hat, wie der ganze Anhang. An ihm befinden sich zwei etwa von der
Mitte nach unten vorragende spitze Fortsätze. Dieser ganze feste,
dreispitzige Apparat macht den Eindruck einer kräftig wirkenden
Bremse oder eines Organs, mit dessen Hilfe sich die Larve
rückwärts zu bewegen vermag, indem sie die Dornen in den

Boden einhakt und entsprechende Bewegungen des Hinterleibes ausführt. Zum festen Anklammern an den Boden bei der Be= wältigung der Beute von seiten dieser räuberischen Tiere, welche sich im Zwinger auch gegenseitig anfallen, dürfte der paarige Anhang ein sehr geeignetes Mittel sein, welches sicher nicht in dieser Form ererbt, sondern erst nachträglich erworben wurde, übrigens, wie die Cerci überhaupt, dem Käfer fehlt.

Man ist nicht immer in der Lage, mit Sicherheit die Grenze zu bestimmen zwischen solchen Organen, welche dem Tier ur= sprünglich eigen waren und bei der Larve nur eine andere Ge= staltung erfahren haben, und solchen, welche als Neuerwerbungen anzusehen sind. Für die Auffassung, daß die Larve andere Ent= wicklungswege eingeschlagen hat unter vorläufiger Vernachlässi= gung des ursprünglichen Werdeganges, der sie direkt der Imagi= nalform zuführte, sind jedoch beide gleich beweisend, nur stellen die Neuerwerbungen einen höheren Grad spezieller Anpassung der Jugendform dar. Wir wollen uns eine Reihe dieser Neu= erwerbungen vorführen, welche dartun werden, daß die Larve in ihrer Eigenschaft als tertiäre so gut wie als sekundäre stammes= geschichtlich später entstanden ist, als die Imago.

Recht auffallend tritt hier, ebenso wie bei den sekundären Larven, die besondere Anpassung der Jugendform an andere Verhältnisse da in Erscheinung, wo ein nachträglicher Über= gang in das Wasser stattgefunden hat, und in allen diesen Fällen können wir mit Sicherheit sagen, daß in der Tat das Wasserleben nicht das Ursprüngliche ist, weil die Insekten typische Landtiere und auf dem Lande aus ihren Vorfahren hervorgegangen sind, gleichgültig, ob wir diese Ahnenformen unter den Wasser= oder Landtieren zu suchen haben. Auch hier finden wir wieder zahl= reiche Konvergenzen, denn fast aus allen Ordnungen der In= sekten mit vollständiger Metamorphose, sind Larven nachträg= lich ins Wasser gegangen und haben den neuen Anforderungen in gleicher Weise durch Ausbildung von Tracheenkiemen Rech= nung getragen, wie verschiedenartig in ihrer Form, Anzahl und Lage sich diese provisorischen Anhänge auch verhalten. Wir finden solche Wasserlarven unter den Käfern, Köcherfliegen (Trichopteren), Schmetterlingen, Zweiflüglern (Dipteren) und Netzflüglern (Neuropteren).

Schon die Käferlarven lehren indessen, daß die Natur bei der Gewöhnung an das Wasserleben nicht nach einem bestimmten Schema gearbeitet hat; denn entweder behielten die Tiere die Luftatmung bei, indem sie von Zeit zu Zeit an die Oberfläche stiegen um ihre Tracheen aus der Atmosphäre zu füllen, oder sie entnehmen die Luft direkt dem Wasser und nur in diesem

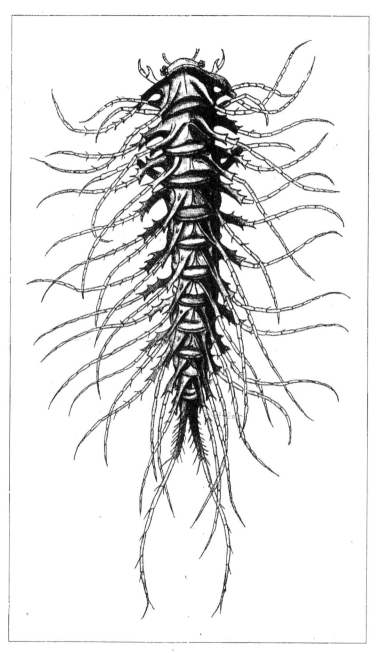

Abb. 13. Larve des Schwimmkäfers Cnemidotus.
(15 fach vergrößert). · Nach Schiödte.

Falle bringen sie Riemen zur Ausbildung. Beide Arten der Atmung haben jedoch umgestaltend auf die Larve zurückgewirkt. Als Beispiel für die Luftatmer kann die Larve des Gelbrandes (Dytiscus) dienen, bei welcher alle Luftlöcher mit Ausnahme des letzten Paares geschlossen sind; dieses bringt das Tier mit der Atmosphäre in Verbindung, indem es mit der Hinterleibs= spitze gerade die Wasseroberfläche erreicht, während der ganze übrige Körper untergetaucht bleibt. Er wird an der Ober= fläche gehalten durch zwei Anhänge des Hinterleibsendes, welche ausreichen, die Larve zu tragen und in ihrer schwebenden Lage zu erhalten, weil ihr Gewicht das des Wassers um so weniger übertrifft, je stärker das Röhrensystem der Tracheen mit Luft gefüllt ist. — Dagegen sind die langgestreckten Larven der Taumelkäfer (Gyrinus) zu echten Wasseratmern geworden, welche an jedem Segment des Hinterleibes ein Paar großer Fiederblättchen tragen, deren For= men die beigegebene Fig. 12 zur Anschauung bringt, aus welcher zugleich ersichtlich ist, daß sich am letzten Segment vier Kiemenanhänge gebildet haben. Diese Tracheenkiemen stellen insofern eine bessere Anpassung an das Wasser= leben dar, als sie der Larve gestatten, dauernd im Wasser zu bleiben, ohne zur Atmung an die Luft emporsteigen zu müssen.

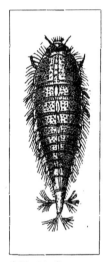

Abb. 14. Larve von Elmis.
Schwach vergrößert.

Eine recht auffallende Gestalt erhält die Larve von Cnemidotus durch ihre seltsamen Tracheenkiemen. Wie die Figur 13 zeigt, stehen auf dem Rücken der drei Brustsegmente und den sieben ersten Hinterleibsabschnitten je vier und am achten Hinterleibsring zwei Fortsätze, deren jeder in eine sehr lange, gegliederte Borste ausläuft. Die Gliederung dürfte mit der Länge der Borsten zusammenhängen; denn lange, starre Anhänge brechen leicht ab und hindern unter Umständen das Tier an der Be= wegung. Wo sie in ihrer besonderen Aufgabe die Starrheit nicht erfordern, werden sie durch Gliederung widerstandsfähiger und weniger hinderlich gemacht werden können, ein Fall, welchen wir in den Riemen der Cnemidotus-Larve vor uns haben. Der Tracheenast, welcher diese gegliederten Fäden durchzieht, bleibt einfach. —

Wie mannigfaltig die Form, Anzahl und Lage der Tracheen= kiemen sein kann, lehrt uns ferner die Larve von Elmis, einem Käfer, welcher einer ganz anderen Käferfamilie angehört, näm=

lich den Hydrophiliden, deren Imagines den Dytisciden nur durch Konvergenz gleichen. Ihre Riemen (Fig. 14) sind zarte, zu Büscheln vereinigte Fäden, welche zu ihrem Schutz eingezogen werden können und nur dem hinteren Körperende angehören. —

Auch unter den Lepidopteren haben sich einige Larven an das Leben im Wasser gewöhnt, ohne sich jedoch in ihrer Atmung übereinstimmend zu verhalten. So sehen wir die Larve von Hydrocampa an der Unterseite der Blätter von Seerosen (Nymphaceen) und Laichkraut (Potamogeton) fressen, sich also vollständig unter Wasser aufhalten, ohne daß Tracheenkiemen zur Entwicklung gekommen sind oder die Luft der Atmosphäre entnommen wird. Die Tiere atmen vielmehr, da ihre Luftlöcher verschlossen sind, durch die Haut in derselben Weise, wie viele sekundäre Larven dauernd (Plecoptera) oder nur in der Jugend (Epheme-

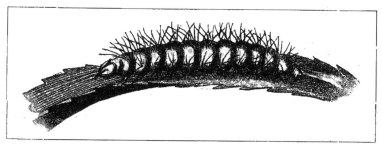

Abb. 15. Raupe von Parapoynx stratiotata.
Nach Lampert.

riden); später aber öffnen sich die Luftlöcher und nun werden die Tracheen mit Luft gefüllt, von welcher die Larve einen bestimmten Vorrat in ihrem Gehäuse mit sich führt. Die Raupen eines anderen Kleinschmetterlings dagegen (Parapoynx stratiotata, Fig. 15), welche zwischen zusammengesponnenen Blättern der Wasseraloë (Stratiotes) unter Wasser frißt, besitzt am ganzen Körper zahlreiche fadenförmige Tracheenkiemen. —

Sehen wir uns die Zweiflüglerlarven mit Rücksicht auf ihre Anpassung an den Aufenthalt im Wasser an, so finden wir auch bei ihnen eine ganze Reihe von besonderen Bildungen, welche sich nicht allein auf die Atmung beziehen, sondern vielfach auch auf die Fortbewegung. Die Tracheenblasen der Corethralarve haben wir an anderer Stelle schon kennen gelernt. Sehen wir uns die bekannte Jugendform unserer gewöhnlichen Stechmücke näher an, so finden wir sie mit einem ziemlich langen geraden Fortsatz ausgestattet, der sich von der Rückenseite des achten Hinterleibsringes erhebt und an deſſen Ende die beiden seitlichen Tracheenlängsstämme ausmünden, welche wir ganz allgemein bei den Insekten antreffen und welche die queren, von den Luftlöchern ausgehenden Stämme miteinander in Verbindung setzen. Die Luftlöcher des übrigen Körpers sind geschlossen. Die Atemröhre stellt ein provisorisches Organ dar, welches schon der Puppe und natürlich auch der Mücke fehlt. Mit Hilfe dieses Rohres füllt die Larve ihre Tracheen, indem sie mit dessen freiem Ende am Wasserspiegel hängt, wobei die Mündung ge= öffnet ist, die jedoch sofort durch einen Klappenapparat geschlossen wird, wenn das Tier untertaucht. Außerdem finden sich aber am After fünf Tracheenkiemen, welche zwar ihrer Kleinheit wegen nicht imstande sind, allein dem Atembedürfnis der Larve zu genügen, ihr aber doch gestatten, sich längere Zeit unter dem Wasserspiegel aufzuhalten, ohne ersticken zu müssen. — Als be= sondere Anpassungen an die Bewegung im Wasser sind die Borsten der Rücken= und Bauchseite des letzten Segmentes anzusehen, welche bei den schlagenden Bewegungen des Körpers die Ruder= fläche vergrößern und damit dessen Ruderwirkung erhöhen. Solche Ruderborsten finden wir auch in recht zierlicher Form und Gruppierung an der Bauchseite des Hinterendes bei der Corethra-Larve (vgl. Fig. 10). Die F-bogenförmig gekrümmten starren Borsten bilden in ihrer Gesamtheit einen zarten Fächer, welcher dem Wasser bei seitlich gerichteten Schlägen des Hinter= leibes einen größeren Widerstand entgegenzusetzen bestimmt sind.

Ganz anders gestalten sich die Organe zur Fortbewegung bei den Zuckmücken=(Chironomus=)Larven (Fig. 10), welche sich im Schlamm und an Pflanzen kriechend und nur gelegentlich unter starker Schlängelung des ganzen Körpers freischwimmend be= wegen. Es scheint, als müßten diese Larven von schwimmenden Formen abstammen oder wenigstens von solchen, welche ur= sprünglich eine Lebensweise führten, bei welcher sie der Beine nicht bedurften; sonst hätten sie ja die ihnen ursprünglich eigenen Beine beibehalten können und hätten es dann nicht nötig gehabt, sich nachträglich ihre eigenartigen Fußstummel anzuschaffen, mit deren Hilfe sie ihren langgestreckten Körper vorwärts oder rück= wärts ziehen und schieben. Diese „falschen" Beine sind zu zwei Paaren entwickelt, von welchen das vordere dem ersten, das hintere dem letzten Segment angehört. Sie haben die Gestalt ungegliederter Stummel, welche am freien Ende reichlich mit Borsten ausgestattet sind, die ein Abgleiten von der Unterlage verhindern. Da bei den Chironomus-Larven nur ein rückgebildetes Tracheensystem vorhanden ist, welches sich nicht nach außen öffnet, und Tracheenkiemen vollständig fehlen, müssen sie wie die Corethra-Larve durch die Körperhaut atmen. Bei manchen Larven dieser Gattung aber scheint die Hautatmung nicht aus=

zureichen, sei es, daß ihr Chitin zu dick oder ihre Oberfläche zu klein ist: daher haben sich an der Bauchseite nicht weit vom Hinterleibsende entfernt vier zarthäutige Ausstülpungen von ziemlich beträchtlicher Länge gebildet, in welchen ein lebhafter

Abb. 16. Larven der Mücke Simulium an einem Stein befestigt.
Originalzeichnung von Baworowski.

Blutstrom beobachtet wurde. Wir werden in diesen Schläuchen nicht Tracheenkiemen, sondern echte Kiemen zu erblicken haben, durch deren Wand das Blut den Sauerstoff aufnimmt und die Kohlensäure abgibt.

In sehr eigentümlicher Weise sehen wir die Simuliumlarven (Fig. 16) sich die Umwelt dienstbar machen und die im Süßwasser gegebenen Verhältnisse ausnutzen, welche noch dadurch zu ganz besonderen werden, daß diese Tiere nur in fließendem Wasser leben. Um von dem Strom nicht mitgerissen zu werden, setzt sich die Larve fest, indem sie mit Hilfe ihrer Spinndrüsen ein Gewebe herstellt und sich in diesem mit dem am Hinterleibs= ende befindlichen Hakenkranz verankert. Um sich bei der so an= genommenen festsitzenden Lebensweise, welche übrigens ein Ver= lassen des einmal gewählten Ortes nicht ausschließt, genügend Nahrung zu verschaffen, muß sie mit ähnlichen Apparaten aus= gestattet sein, wie wir sie bei den festsitzenden Meeres= und Süßwassertieren in verschiedenen Formen antreffen: mit be= weglichen Anhängen des Körpers, welche schwingend einen Wasserstrom von hinreichender Stärke hervorzurufen vermögen, um der Mundöffnung genug mikroskopische Tiere, Pflanzen und organische Schlammteilchen zuzuführen. Dieser Strudelapparat ist paarig: jederseits neben dem Munde befindet sich ein kurzer Fortsatz, welcher fächerartig angeordnete Chitinborsten trägt. In ihm besitzen die Simuliumlarven ein geeignetes Organ zum Nahrungserwerb, das sie ganz unzweifelhaft erst erworben haben in Anpassung an die festsitzende Lebensweise, welche wiederum durch den Aufenthalt in fließendem Wasser veranlaßt wurde. Die Atmung geschieht hier ausschließlich durch die Haut.

Endlich sei noch eine Fliegenlarve erwähnt, welche durch ihre merkwürdige Gestalt selbst dem Laien aufzufallen pflegt und den bezeichnenden Namen „Rattenschwanzmade" erhalten hat. In diesen Larven (Fig. 17) haben wir die Jugendformen der Eristalis-Arten vor uns, deren schöne, häufig um Dolden= blüten schwärmende Imagines nicht die geringste Ähnlichkeit mit ihrer Made haben, wiewohl doch beide ein und dasselbe Indi= viduum sind. Diese Larven findet man in Dunggruben, un= sauberen Bedürfnisanstalten oder in kleinen Wasserbecken mit faulschlammigem Grunde nicht selten in größerer Menge bei= sammen. Der „Rattenschwanz" ist nichts anderes, als die Atem= röhre des Tieres, welche erstaunlich lang (bis 15 cm) ausgezogen werden kann und stets an ihrem Ende mit der Atmosphäre in Verbindung bleibt, während sich das Tier in den nahrungs= reichen Bodensatz seines Aufenthaltes einwühlt. Außer diesem provisorischen Organ, daß nur bei dieser Lebensweise in wenig tiefen Flüssigkeitsansammlungen entstehen konnte, sehen wir die Eristalis-Larve sich nachträglich wieder mit Beinen ausstatten, deren sie abweichend von anderen Fliegenmaden bedarf, um zu einer für den Nahrungserwerb ausreichenden Ortsbewegung fähig zu sein. Wir finden bei ihr an der Bauchseite sieben Paare solcher falschen Beine, welche die Gestalt kurz und steif be=

borsteter Stummel haben. Sie erinnern an die Stummelfüße des Raupen= und Afterraupen=Abdomens und ähnliche Bildungen, die wir auch bei anderen tertiären Larven antreffen. Mit echten Beinen, wie sie die Insekten ursprünglich besitzen, haben sie nichts zu tun, treten vielmehr als Neuerwerbungen überall da auf, wo der Larvenkörper eine beträchtliche Verlängerung er= fahren hat und wo infolgedessen Organe zur Ortsbewegung im Zusammenhang mit der Lebensweise auch am Hinterleib von Vorteil sind, sei es, um ihn zu tragen und zu halten, sei es, um ihn fortzubewegen. Dabei ist natürlich die mit der Kriech= fläche in Berührung stehende Bauchseite in erster Linie dem An= reiz zur Ausbildung solcher provisorischer Organe ausgesetzt; wo aber die Larven in zylindrischen Gän= gen leben, wird auch die Rückseite in be= ständiger Berührung mit dessen Wand sein und daher können, wie bei den Bock=

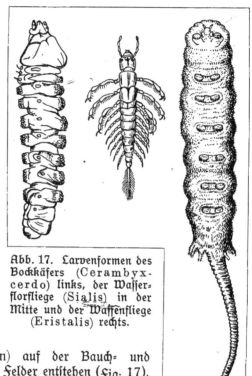

Abb. 17. Larvenformen des Bockkäfers (Cerambyx-cerdo) links, der Wasser=florfliege (Sialis) in der Mitte und der Waffenfliege (Eristalis) rechts.

käfern (Cerambyciden) auf der Bauch= und Rückenfläche höckerige Felder entstehen (Fig. 17), mit deren Hilfe sich das Tier vorwärtsbewegt, wobei sie gegen die Gangwand angestemmt werden und infolge ihrer rauhen Beschaffenheit nicht abgleiten. Ähnlich sehen wir die Larven von Oestrus ovis, welche in den Nasen= und Stirnhöhlen des Schafes leben und zur Ursache der sogenannten falschen Drehkrankheit werden, sich an ihren Wohnort anpassen: sie besitzen auf der Rückenseite der Segmente schwielige Querfelder, die bei der älteren Larve dunkel gefärbt sind, während auf dem Bauch den Segmenten entsprechende Felder entwickelt sind, deren jedes sehr viele nach hinten gerichtete kurze Dornen trägt.

Sehen wir uns nun noch die Wasserlarven der übrigen

4*

Jnfekten mit vollständiger Verwandlung unter Berücksichtigung
ihrer nachträglichen bedürfnismäßigen Umgestaltung an, so fin=
den wir unter den Netzflüglern einige mit wohlentwickelten
Tracheenkiemen ausgestattet, welche bei der Sialis-Larve (Fig. 17)
zu sieben Paaren dem Hinterleib anhängen und die Form ge=
gliederter Fäden besitzen, weshalb man sie als umgebildete Beine
des Abdomens anzusehen geneigt sein könnte. Aber obgleich
diese Riemen aus embryonalen Anlagen ursprünglicher abdomi=
naler Beine hervorgegangen sind, so können sie doch nicht als
eine Umbildung entwickelter Beine aufgefaßt werden; denn die
entwickelten und funktionierenden Beine haben dem Hinterleib
der Vorfahren dieser Larve ebenso gefehlt, wie den Ahnen aller
tertiären Larven. Die Riemen sind daher larvale Neubildungen,
welche nur in Abhängigkeit von Beinresten entstanden sind,
ohne selbst im stammesgeschichtlichen Sinne umgestaltete (zu
Riemen gewordene) Beine zu sein, das heißt, die Umformung
der Beine geschah nicht direkt, sondern erst nach deren Rück=
bildung legten sich die Riemen da an, wo sich die Reste noch er=
halten hatten.

Recht interessante Anpassungen finden wir schließlich auch
bei den Larven der Köcherfliegen (Trichopteren), die ja allge=
mein als Bewohner von Röhren und Gehäusen bekannt sind,
welche sie selbst aus den verschiedensten Materialien herstellen,
um unter ihrem Schutz der Nahrung nachzugehen. Diese Larven
sind mit Rücksicht auf ihre kauenden Mundteile und die langen,
gegliederten Beine der Brust von der ursprünglichen Organisation
nicht weit abgewichen, doch spricht sich ihr tertiärer Charakter
deutlich im vollständigen Fehlen der Facettenaugen, Fühler und
äußerlich sichtbaren Flügelanlagen aus, wodurch wieder die Brust=
segmente sich ohne Rücksicht auf die Flügel formen konnten und
eine Gestalt erhielten, welche sie den Hinterleibssegmenten
wesentlich gleichen läßt. Bei den meisten Arten sind fadenförmige
Tracheenkiemen entwickelt (Fig. 18), welche zu Büscheln geordnet
oder verzweigt seitlich am Abdomen stehen, übrigens aber in
ihrer Anordnung bei den verschiedenen Arten wechseln und am
ersten und letzten Segment fehlen. Da die Larve mit dem größten
und vor allem dem kiementragenden Teil ihres Leibes in dem
Gehäuse steckt, sind die Bedingungen für die Atmung scheinbar
nicht sehr günstig; doch ist für den Zutritt des Wassers dadurch
gesorgt, daß der Körper des Tieres der Gehäusewand nicht eng
anliegt, sondern von ihr durch zwei seitliche und einen rücken=
ständigen Höcker des ersten Hinterleibssegmentes getrennt ge=
halten werden kann. Der Zwischenraum entspricht der jedes=
maligen Länge dieser Höcker, welche vor= und zurückgestülpt

werden können und im vorgestülpten Zustande jedenfalls zugleich dazu dienen, den in die Hülle zurückgezogenen Vorderkörper in

Abb. 18. Larven von Köcherfliegen (Phryganeen) in ihren Gehäusen.
Originalzeichnung von E. Schoch.

dieser festzuhalten. Wie wir diese drei Höcker sicher als Bildungen ansehen können, welche von der Larve erst mit der Gewohnheit erworben wurden, sich mit versponnenen Fremdkörpern zu umgeben, so steht mit der Erwerbung dieser Gewohnheit auch das Auftreten der am Hinterende entwickelten Hakenborsten in engstem Zusammenhang; denn diese haken sich in die Gehäuse= wand ein und stellen die feste Verbindung des Tieres mit seiner eigenartigen Wohnung her, so daß es deren Verlust, der ja sonst leicht möglich wäre, nicht zu befürchten hat. Übrigens vermag die Larve diese Verbindung jederzeit zu lösen und wieder herzustellen, wovon man sich am besten durch eigene Beobachtung überzeugen wird.

Die vorstehend nur in einer Auswahl angeführten Fälle haben uns verschiedenartige Anpassungen an das Wasserleben gezeigt, welche die Larve nur nachträglich erworben haben kann und welche unzweifelhaft den Charakter provisorischer Organe besitzen. Natürlich aber stellt nicht nur das Wasser besondere Anforderungen an seine Bewohner, sondern jede Form der Lebensführung wird ihren Einfluß auf das Tier geltend machen müssen, wird es zwingen, sich mit denjenigen Mitteln (d. h. Organen) auszurüsten, welche es instandsetzen, die Umwelt unter den vorgefundenen Bedingungen auszunutzen, das heißt, sich er= haltungsmäßig zu gestalten. Das sollen uns noch einige andere Beispiele unter den tertiären Larven lehren.

Die Raupen der Schmetterlinge besitzen am Abdomen aus= geprägte Stummelfüße, welche man früher als Reste ursprüng= lich vorhandener Hinterleibsgliedmaßen deutete und somit in dieser Larve eine Form vor sich zu haben glaubte, welche als eine stammesgeschichtliche Vorform der Schmetterlinge angesehen werden könne und sich etwa an die Tausendfüßer oder den Peri= patus anschließe. Träfe dies wirklich zu, wäre die Raupe nichts anderes als ein vielfüßiger Vorfahr der Schmetterlinge, so würde man schwer begreifen, wie sie in allen anderen Punkten schon ein Insekt sein könnte und woher sie die Imaginalanlagen habe, die doch mindestens zunächst eine imagoähnliche also primäre oder sekundäre Larve voraussetzen. Daß aber aus den nur als Anlagen ererbten und auch bei dem Raupenembryo nachweisbaren Resten solcher Beine vielfüßiger Vorfahren die falschen Beine oder pedes spurii hervorgegangen sind, kann man sich wohl vorstellen. Sie wiederholen jedoch nicht die Form der Beine der vielfüßigen Ahnen, indem sie diese Reste einfach nachträglich wieder zur Weiter= entwicklung brachten, nachdem sie zuerst als äußere Anhänge ganz verschwunden waren, sondern da, wo die embryonalen Reste (Rudimente) erhalten geblieben sind, bilden sich an den natur= gemäß nur für sie in Frage kommenden Stellen neue Beine nach= träglich aus, welche dem besonderen Bedürfnis, den lang= gestreckten und ziemlich schweren Körper an der Nährpflanze festzuhalten, entsprechend organisiert sind. Diese ungegliederten Stummelfüße wären demnach keine Umbildungen schon vorhandener Organe sondern Neubildungen, welche in ihrer Entstehung nur an die vorhandenen Reste einstiger abdominaler Gliedmaßen anknüpften. Sie sind auch ganz anders gestaltet, als die drei Beinpaare der Brust, welche zu schwach sind, um den ganzen Körper genügend festzuhalten, und mehr dazu dienen, die Blätter während der Nahrungsaufnahme so zu halten, daß sie von den Kiefern bequem zerkleinert werden können. Die Stummelbeine befähigen die Tiere nicht nur, viel schneller und weiter zu laufen, als sie es mit alleiniger Hülfe der vorderen drei Beinpaare vermöchten (wie z. B. die Mehlkäferlarve lehrt),

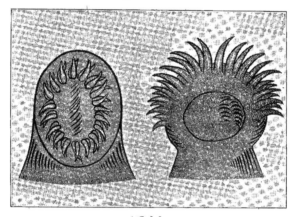

Abb. 19. Afterfuß einer Raupe mit geschlossenem und offenem Hakenkranz.
Nach Eckstein.

sondern sie krallen sich auch fest in das Pflanzengewebe oder eine andere Unterlage ein und verhindern es, daß jeder starke Regen und Windstoß den Körper von der Nährpflanze herabwirft. Sie erweisen sich ferner als ausgezeichnete Kletterorgane, mit deren Hilfe die Larve leicht jede Pflanze zu ersteigen vermag, und stellen alles in allem eine vorzügliche Anpassung an die allgemein bekannte Lebensweise der Raupen dar.

Recht bemerkenswert ist die Tatsache, daß bei den Sackträgerraupen, bei welchen die Stummelfüße als Organe zur Fortbewegung nicht mehr in Frage kommen, weil sie mit dem Hinterleib in dem aus Fremdkörpern hergestellten Sack liegen, nun die Brustfüße, indem sie ausschließlich noch zum Kriechen dienen, infolge ihres stärkeren Gebrauches länger und kräftiger entwickelt sind, als sonst in der Regel bei den Schmetterlingslarven.

Die Bauchfüße des Abdomens sind nicht bei allen Raupen von der gleichen Beschaffenheit. Bei den sogenannten Groß= schmetterlingen besitzen sie eine zweilappige Sohle, welche längs= faltbar ist und dadurch zum Umfassen der Blätter und Stengel geeignet wird. (Fig. 19.) Nur an den Seiten dieser Sohle sind die schon erwähnten Häkchen entwickelt, welche die Leistungs= fähigkeit der Stummelfüße beträchtlich erhöhen. Für die Raupen der „Kleinschmetterlinge" (zu welchen wir auch die Cossiden, Sesiiden u. a. zu rechnen haben) würde diese Fußform unzweck= mäßig sein; denn sie leben größtenteils im Innern von Pflanzen oder zwischen zusammengesponnenen Blättern und hätten hier keine Gelegenheit, Sohlen zu verwenden, welche zum Umfassen eines Körpers eingerichtet sind. Daher sind bei ihnen die Häkchen auswärts gekrümmt und zu einem die Sohle umfassenden Kranz geordnet, also derart gestellt, daß sie gegen eine Fläche von größerer Ausdehnung, nicht gegen eine schmale Kante wirken. (Fig. 19.) Dieselben Verhältnisse liegen bei den frei= lebenden Sackträgern vor, deren Hinterleib in einer Röhre steckt und in dieser von den Kranzfüßen festgehalten wird. — Wenn wir solche Kranzfüße auch bei ganz freilebenden Kleinschmetter= lingsraupen vorfinden, so deutet dies darauf hin, daß auch sie ursprünglich im Inneren ihrer Nährpflanze gehaust haben. Sie konnten diese Fußform beibehalten, weil sie auch bei ihrer Lebens= weise noch verwendbar war, ganz besonders dann, wenn sich die Tiere an ihre selbstgesponnenen Gewebe anklammern.

Ähnliche Stummelfüße finden wir auch bei den Afterraupen der Blattwespen (Fig. 20), welche ebenso leben, wie die Raupen. Wir sehen hier also, wie das gleiche Bedürfnis bei den Larven zweier ganz verschiedener Ordnungen ähnliche Organe hat ent= stehen lassen, ein schöner Fall von Konvergenz, der zugleich lehrt, wie das Ähnlichwerden der Larven untereinander ganz und gar ohne Einfluß auf die Imagines bleibt; denn die Blatt= wespen sind nichts weniger als schmetterlingsähnlich. Daraus wird besonders deutlich, in wie hohem Grade die tertiären Larven in ihrer nachträglichen Umgestaltung von der Organisation der Imago unabhängig sind, was auch beispielsweise die unter= einander so sehr verschiedenen Larven der Hautflügler (Hyme= nopteren) oder der Käfer lehren. Eine nähere Verwandtschaft zwischen den Hautflüglern und Schmetterlingen kann auf Grund der Ähnlichkeit ihrer Larven nicht angenommen werden; denn wenn wir uns auf die Larven verließen, würden z. B. die fuß= losen Larven anderer Hautflügler den ähnlich gestalteten mancher Käfer auffallend gleichen und die Hautflügler würden dann zum Teil näher mit den Käfern, zum Teil näher mit den

Schmetterlingen verwandt, also von zwei verschiedenen Insekten=
stämmen abzuleiten sein, was sich bei der vergleichenden Be=
trachtung der Imagines als Unsinn herausstellt.

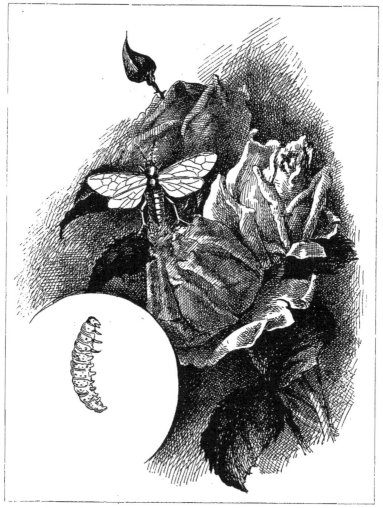

Abb. 20. Imago und Larve von Athalia spinarum.
Original von C. Baworowski=München.

Eine interessante Tatsache mag noch erwähnt werden, weil
sie sehr deutlich die Abhängigkeit der Organisation von der
Lebensweise erkennen läßt. Während die meisten frei lebenden
Blattwespenlarven Stummelfüße besitzen und ähnlich verwenden
wie die Raupen, fehlen sie bei den Lyda=Larven, obwohl diese in

ihrer langgestreckten Körperform sich eng an alle anderen After=
raupen anschließen und zweifellos mit ihnen nahe verwandt
sind. Man darf wohl annehmen, daß auch sie ursprünglich
Stummelfüße besessen haben, sie aber später verloren, weil sie
ihrer nicht mehr bedurften; denn sie halten sich während ihres
Larvenlebens in einem röhrenförmigen Gespinst auf, welches
sie an den Zweigen ihrer Nährpflanze selbst herstellen (Fig. 21)
und das zu dicht ist, um selbst den Kot hindurchzulassen, der sich
infolgedessen ansammelt und zur Bildung der sogenannten Kot=
säcke in ihrer sehr charakteristischen Form beiträgt. Im Innern
dieses Gewebes bedarf die Larve der Stummelfüße weder zur
Ortsbewegung, die ja nur eine sehr beschränkte sein kann, noch
zum Anklammern des Körpers, daher sie verloren gegangen sind
und nur die veränderten Nachschieber (d. h. das letzte Paar)
sich noch erhalten haben.

Es ist hier nicht möglich, ohne den verfügbaren Raum zu
überschreiten, auch nur annähernd vollständig die provisorische
Organisation der tertiären Larven darzulegen. Die angeführten
Beispiele aber dürften wohl genügen, um zu zeigen, daß die
Jugendformen sich den verschiedensten und ganz anderen Be=
dingungen angepaßt haben, als sie sind, unter welchen die
Imago lebt, und daß diese Anpassung in der Larvenorganisation
aufs deutlichste zum Ausdruck kommt. Wie ungeheuer weit sich
hierbei die Larven von ihren Imagines entfernen können,
zeigt unter anderen sehr auffallend die Platygaster=Larve,
die namentlich in ihren jüngeren Zuständen eine Gestalt an=
nimmt, welche nicht entfernt ahnen läßt, daß aus ihr ein Haut=
flügler hervorgehen werde. Sie gehören den Ichneumoniden
an, jenen Insekten, welche gleich vielen Fliegen ihre Jugend=
zeit als Parasiten in anderen Insekten durchleben und im Körper
ihres Wirtes so seltsame Formen angenommen haben, daß sie
einem kleinen Krebs (Cyclops) oberflächlich ähnlicher erscheinen
als einem Insekt. Auch den älteren Larvenformen sieht man
auf den ersten Blick ihre Zugehörigkeit zu den Insekten nicht
mehr an.

In den Platygasterlarven haben wir schon Beispiele vor
uns, welche zu der sogenannten Hypermetamorphose überleiten,
deren Wesen darin liegt, daß die Larvenstadien desselben Tieres
untereinander mehr oder minder verschieden geworden sind.
In geringem Maße treten solche Verschiedenheiten zwischen den
jüngeren und älteren Larvenstadien sehr häufig auf, so daß man
kaum mit Bestimmtheit sagen kann, wo die Hypermetamorphose
eigentlich beginnt, wenn man für sie nicht das Pseudochrysalis=
stadium als charakteristisch ansehen will, das wir noch kennen

lernen werden. So sehen wir beispielsweise die junge Larve des „Nagelflecks" (Aglia tau) das Ei in anderer Gestalt verlassen, als sie für die ältere Larve bekannt ist; denn auf ihrer Rücken=seite finden sich an jedem Segment zwei verzweigte grünlich

Abb. 21. Kotsack von Lyda campestris an der Kiefer.
Nach Eckstein, Forstl. Zoologie.

gefärbte Dornen, die jedoch ihrer Kleinheit wegen nur wenig auffallen. Auf dem 1. und 3. Brustsegment aber erfahren diese Rückendornen eine ganz enorme Vergrößerung und erreichen fast die halbe Körperlänge des ganzen Tieres. Ihrerseits wieder bedornt und beborstet, endigen sie mit einer zweizinkigen Gabel, welche gleich der basalen Hälfte lebhaft rot gefärbt ist, während sich zwischen diese roten Teile eine weiße Partie einschiebt. Außer diesen vier langen Hautfortsätzen finden wir einen ebensolchen unpaaren nahe dem hinteren Körperende und dahinter einen um etwa $^2/_3$ kürzeren als „Schwanzhorn", welchem die weiße Partie fehlt. Welche Bedeutung diese merkwürdigen Dornen für die junge Raupe haben, ob sie von ihr für dies Lebensalter speziell erworben sind oder von ihren Vorfahren ererbt nur noch bei ihr wiederkehren, während früher vielleicht auch die

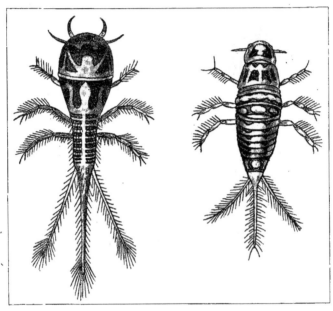

Abb. 22. Frisch aus dem Ei geschlüpfte (links) und erwachsene (rechts) Larve des Schwimmkäfers Pelobius Hermanni F. Schwach vergrößert. Nach Schiödte.

älteren Raupen diese Fortsätze besessen haben, vermag ich nicht zu entscheiden. Jedenfalls aber haben wir hierin ein Beispiel, welches in recht augenfälliger Weise zeigt, daß die Larvenstadien eines Individuums, wenngleich im allgemeinen untereinander nahezu gleich, doch auch in manchen Fällen selbst bei gleicher Lebensführung auffallende Verschiedenheiten aufweisen können. Auch bei einem Wasserkäfer (Pelobius hermanni) hat die er= wachsene Larve (Fig. 22) eine auffallend andere Gestalt, als das junge, aus dem Ei geschlüpfte Tier.

In erhöhtem Maße begegnen wir solchen Verschiedenheiten der Larvenstadien da, wo die Jugendform zu verschiedenen Zeiten

auch unter mehr oder minder voneinander abweichenden Ver=
hältniſſen lebt. Als Beiſpiel hierfür ſei der Entwicklungsverlauf
von Sitaris, einem zu den Meloiden gehörenden Käfer heraus=
gegriffen, welcher als typiſch gelten kann und zuerſt von Fabre
als Hypermetamorphoſe bezeichnet worden iſt. Die jüngſte Larve
iſt ſehr beweglich und mit wohlausgebildeten langen Bruſtbeinen
ſowie mit langen Fühlern und mit Augen ausgeſtattet. Sie gleicht
in ihrer äußeren Form den Larven, welche wir bei den Lauf=

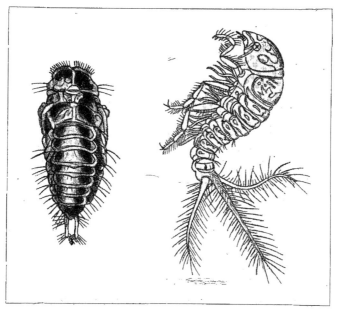

Abb. 22 a. Nymphe (links) und erwachſene Larve von Pelobius
Hermanni F. (rechts).
Schwach vergrößert. Nach Schiödte.

Käfern (Carabiden) und Schwimmkäfern (Dytisciden) antreffen
und lebt gleich dieſen frei. Dieſe Larve bedarf ihrer Be=
weglichkeit und ihrer Sinnesorgane in hohem Grade deshalb,
weil ſie ſich an eine Biene (Anthophora) anklammern muß,
(wobei ihr ihre drei Fußklauen, welchen ſie den Namen Triun=
gulinus verdankt, die beſten Dienſte leiſten) um von dieſer zu
ihrer Nahrungsquelle getragen zu werden. Zunächſt das Männ=
chen als Transportmittel benutzend, wandert die Larve während
der Begattung der Bienen auf das Weibchen über und fällt über
deſſen Ei her, ſobald es in die aus Erde hergeſtellte Zelle ab=
gelegt worden iſt, auf deren Honigvorrat es ſchwimmt. Für das

sich nun ausschließende aus dem nächsten Häutungsprozeß her=
vorgehende Larvenstadium sind die Beine überflüssig. Das Tier
bedarf jetzt der früheren großen Beweglichkeit nicht mehr, weil
es von dem Honigvorrat in der Bienenwabe lebt. Daher werden
die Brustfüße stark zurückgebildet, ähnlich wie bei vielen anderen
Larven, welche in ihrer Nahrung leben, und der Körper nimmt
eine madenartige Gestalt an, wie wir es auch bei den Larven
der Hautflügler beobachten, die sich in der Wabe von Honig
ernähren. Die Sinnesorgane erfahren ebenfalls eine Rück=
bildung. — Bei der nächsten Häutung nimmt die Larve die
Gestalt der sogenannten Pseudochrysalis an, das heißt die
Larvenhaut des zweiten Stadiums umgibt die Larve des dritten
Stadiums als Schutzhülle und dieses dritte Larvenstadium
überwintert, ohne noch Nahrung aufzunehmen. Es kann mit
der echten Puppe durchaus nicht gleichgesetzt werden, daher der
Name „Scheinpuppe" (Pseudochrysalis) nicht sehr glücklich gewählt
ist und zu Irrtümern führen kann. Sie ist nichts anderes, als
ein ruhendes Larvenstadium im Winterschlaf, wie wir es auch
bei anderen Insekten antreffen. Daß ihm die alte Larvenhaut
als Hülle dient, kann nicht von ausschlaggebender Bedeutung
sein; denn wenn dasselbe auch bei den Fliegenpuppen der Fall
ist, so ist doch die Puppe als solche durch ganz andere Merk=
male gekennzeichnet. — Das letzte Larvenstadium gleicht
wieder dem zweiten, was gar nicht sein könnte, wenn die Schein=
puppe ein dem echten Puppenstadium vergleichbarer Zustand
wäre. Sie frißt nicht, sondern verpuppt sich alsbald und ver=
wandelt sich in die Imago. — Wenn also die Scheinpuppe nur
ein ruhendes Larvenstadium ist, so kommt ihm wohl kaum eine
bestimmende Bedeutung für die Hypermetamorphose zu und damit
verwischt sich die Grenze zwischen dieser und der vollständigen
Verwandlung durch allmähliche Übergänge, indem die Larven=
stadien bald mehr, bald weniger voneinander abweichen. Viel=
leicht zieht man die Grenze am besten so, daß man alle die=
jenigen Insekten als hypermetamorph bezeichnet, bei welchen
mindestens zwei Larvenstadien infolge ganz verschiedener Lebens=
weise sich auch entsprechend verschieden geformt haben. Wo
aber die Larvenstadien trotz gleicher Lebensweise etwas ver=
schieden aussehen (Aglia tau und viele andere) würde man dann
nicht von einer Hypermetamorphose sprechen dürfen.

Der Vollständigkeit wegen und um die Vielgestaltigkeit
erkennen zu lassen, welche die nachembryonale Entwicklung der
Insekten erreicht hat, soll hier noch einer sehr merkwürdigen
Entwicklungsform gedacht werden, welche durch Wasmann be=
kannt geworden und von Heymons als Cryptometabolie be=

zeichnet worden ist. Sie findet sich bei eigenartigen ungeflügelten Fliegen (Termitoxenia), welche in Termitennestern leben, und besteht darin, daß aus den auffallend großen Eiern nicht die Larve, sondern gleich die Imago ausschlüpft, die freien Larven= stadien und die Puppe somit vollkommen übergangen werden. Der ganze nachembryonale Entwicklungsgang der Fliegen ist also hier in das Ei verlegt und damit, zu einem Abschnitt der Embryonalentwicklung geworden, in einer Weise abgekürzt, wie wir es nicht einmal bei den allerursprünglichsten Insekten finden.

Schließlich wollen wir noch einen kurzen Blick auf die innere Organisation der Larven werfen, der uns davon überzeugen soll, daß die veränderte Lebensweise nicht nur die äußere Gestalt des Tieres beeinflußt hat. Als provisorische innere Organe haben wir schon die Spinndrüsen kennen gelernt. Im allge= meinen wird man kaum erwarten dürfen, daß die typischen inneren Organe des Insektenkörpers bei der Larve in ihrer Ent= wicklung zurückgehalten werden, um durch andere, provisorische ersetzt zu werden. Aber eine Umformung des Darmes und der Tracheen, die wir schon konstatiert haben, mußte natürlich im Anschluß an die veränderten Atmungs= und Ernährungsbedin= gungen eintreten; und ebenso werden wir von vornherein ver= muten dürfen, daß auch das Nervensystem nicht ganz unbeein= flußt geblieben sein kann und am stärksten da umgestaltet sein muß, wo die Larve auch sonst sich am weitesten von ihrer ursprünglichen Gestalt (d. h. von der primären Larve) und damit auch von der Imago entfernt hat.

Den früher schon erwähnten Beispielen für die Umgestaltung des Darms mag noch ein recht instruktives beigefügt werden, welches die Lepidopteren betrifft. Weder der larvale (Fig. 23) noch der imaginale Darm dürften dessen ursprünglichen Bau beibehalten haben. Die Raupe ernährt sich von festen Stoffen, die Imago saugt Flüssigkeiten. Diese verschiedene Ernährungs= weise spricht sich schon in der ganz verschiedenen Ausbildung der Mundteile aus. Die Kiefer der Raupe und der Saugrüssel des Schmetterlings sind zu bekannte Dinge, als daß sie an dieser Stelle noch eingehend behandelt werden müßten. Die Raupe besitzt am Vorderdarm eine sehr dehnungsfähige Erweiterung, den Kropf, welcher eine beträchtliche Menge fester Nahrung in sich aufzunehmen vermag. Bei dem Schmetterling dagegen ist dieser Kropf (der fälschlich sogenannte Saugmagen) nur für flüssige Nahrung eingerichtet und hängt dem Vorderdarm als gestielte Ausstülpung an. Bei der Larve hat der umfangreiche Kropf reichlich Platz in dem Brustabschnitt, weil ja die Flug= muskulatur noch fehlt. Diese läßt dagegen bei dem Schmetter=

ling nur einen ſehr beſchränkten Raum für den Durchtritt des engen Vorderdarms frei, während der geſtielte Kropf erſt in dem geräumigen Hinterleib genügenden Platz findet und daher in dieſen hineingerückt iſt. — Der Mitteldarm der Larve hat hohen Anforderungen an ſeine verdauende Tätigkeit zu genügen und große Nahrungsmaſſen zu verarbeiten, daher er lang und von ſehr weitem Kaliber iſt und eine zellenreiche Wand beſitzt.

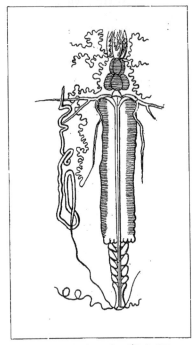

Der gleiche Darmabſchnitt der Imago iſt viel kürzer und enger: erſtens, weil der Falter viel weniger (in manchen Fällen überhaupt nichts mehr frißt); zweitens, weil ſeine flüſſige Nahrung viel leichter verdaulich iſt. Natürlich. bedarf die ſtaŗk wachſende Raupe, welche noch reichliche Reſerveſtoffe aufſpeichern muß, unvergleichlich viel größerer Nahrungsmengen, als der Schmetterling. Auch der Enddarm verhält ſich bei dem jungen und fertigen Tier verſchieden.

Von ganz beſonderem Intereſſe iſt das Verhalten des Nervenſyſtems in vielen Fällen nicht nur dadurch, daß es bei der Larve weſentlich auders ausſieht, als bei der Imago, ſondern vor allem indem ſeine Form bei der Larve ganz unzweifelhaft erkennen läßt, daß wir ſeine urſprünglichere Geſtalt nicht mehr bei der Jugendform ſondern bei der Imago antreffen, nachträglich ſtärker verändert. Das wird aus Folgendem klar

Abb. 23. Darmkanal nebſt Anhängen des Kiefernſpinners (Dendrolimus pini).

Schwach. vergrößert.

das larvale Nervenſyſtem alſo worden iſt, als das imaginale. werden.

Urſprünglich gehört zu jedem Körperſegment ein doppelter Nervenknoten, doch iſt die Anzahl derſelben bei allen Inſekten geringer, als die Nuzahl der Segmente, weil Verſchmelzungen eintreten, welche mindeſtens die hinteren Teile des Nervenſyſtems betreffen, daher die letzten Hinterleibsſegmente keine Nervenknoten mehr enthalten. (Vgl. Bild 24.) Nachträglich können dann noch weitere Verſchmelzungen ſtattfinden und diejenige Form

des Nervensystems hat sich von der ursprünglich reich geglie=
derten Bauchkette am weitesten entfernt, welche nur noch einen
Nervenknoten der Bauchkette besitzt. Dieser stellt dann das Ver=
schmelzungsprodukt mehrerer ursprünglich getrennter Doppel=
knoten dar. Wir werden nun erwarten dürfen, daß im allge=
meinen die Bauchkette der Jugendformen reicher gegliedert (also
ursprünglicher gestaltet) ist, als die des fertigen Tieres, und das
trifft auch in der Regel zu, wofür als Beispiel Bibio hortulanus
(Fig. 24) dienen möge. Jedoch auch der umgekehrte Fall kann

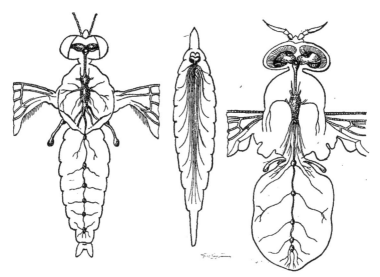

Abb 24. Nervensystem einer erwachsenen Fliege (Bibio hortulanus)
links — der Larve (in der Mitte) — und der Imago (rechts) von
Stratiomys longicornis.

eintreten und zeigen, daß die Nervenkette bei der Larve nachträg=
lich stärker verändert sein kann, als bei der Imago. Das lehrt
uns z. B. eine andere Zweiflüglerart (Stratiomys longicornis),
bei welcher die Nerven für die einzelnen Körperabschnitte der
Larve aus einer gemeinsamen zentralen Masse entspringen,
welche weit vorn liegt, während das Nervensystem der Fliege
außer dem gesonderten Gehirn einen dem Thorax angehörigen
und fünf abdominale Nervenknoten aufweist. (Abb. 24.)

Die weitgehende Verschiedenheit zwischen der tertiären Larve
und ihrem fertigen Zustand, welche aus dem Vorstehenden schon
hinreichend klar geworden sein dürfte, wird durch ein schönes
Experiment von Fabre in ganz besonders helles Licht gestellt. Er
setzte Larven und Imagines verschiedener Käfer und Schmetter=

linge dem Stich des Skorpions aus und fand, daß die Larven
durchweg dem Gift widerstanden und sich unbeeinträchtigt weiter
entwickelten, während die fertigen Insekten unweigerlich der Ver=
giftung erlagen, gleichgültig, ob sie als Larven schon einmal
gestochen waren oder nicht. So groß also ist die Kluft zwischen
zwei Formen desselben Tieres geworden, daß sie in ihrem Ver=
halten gegen dasselbe Gift ganz voneinander abweichen. —
Dasselbe Experiment nahm dann Fabre mit den primären Larven
verschiedener Geradflügler und deren erwachsenen Zuständen
vor: sie erlagen beide dem Gift und verhielten sich somit ebenso
wie die Imagines der Insekten mit vollständiger Verwandlung,
welchen sie also auch nach diesem Versuch näher stehen, als den
tertiären Larven, während selbstverständlich ein Unterschied so
weitgehender Art zwischen den primären Larven und ihren
Imagines nicht festgestellt werden konnte. Auf die sekundären
Larven hat Fabre seine Versuche nicht ausgedehnt; man wird
vermuten dürfen, daß sie sich wie die primären verhalten
werden. — — —

Fassen wir das Gesagte unter Berücksichtigung der Tatsache,
daß die Larven noch keine entwickelten Geschlechtsorgane zu be=
sitzen pflegen, zusammen, so ergibt sich folgende Charakteristik
der tertiären Larven: sie stimmen im Besitz der provisorischen
Organisation überein mit den sekundären Larven und haben,
indem sie eine andere Lebensweise annahmen, als die fertigen
Tiere, ihren Körper den neuen Bedürfnissen entsprechend nach=
träglich umgestaltet. Mit Rücksicht hierauf sind sie keine stam=
mesgeschichtlich verwertbaren Vorfahren der Imaginalformen.
Haben die Jugendformen somit einen vorwärtsschreitenden Ent=
wicklungsgang eingeschlagen, welcher sie von dem ursprünglich
zur Imago führenden weit abführte und sie zu tertiären Larven
werden ließ, so konnte dies am vollkommensten da geschehen, wo
der ursprüngliche nachembryonale Entwicklungsgang zurück=
gehalten und vorläufig unterbrochen wurde; denn die Entwick=
lung konnte nicht gleichzeitig eine Imago und die von ihr grund=
verschiedene Larve zur Vollendung bringen. Es erfolgte daher
in demselben Maße eine Verlangsamung in der Ausbildung ima=
ginaler Organe (Haut, Flügel, Beine, Facettenaugen u. s. f.),
als eine Weiterbildung provisorischer Organe stattfand, oder
anders ausgedrückt: Indem die imaginalen Organe schließlich
nur noch in Gestalt der Imaginalscheiben erhalten blieben, ge=
wannen die provisorischen Organe Gelegenheit sich auszu=
bilden.

Vergleichen wir die sekundären Larven mit den tertiären,
so müssen wir den Ursachen auf die Spur kommen, aus welchen

die erfteren ohne, die letzteren nur unter Vermittelung einer Puppe in die Imago übergehen. Damit läge dann der Unter= fchied zwifchen Infekten mit vollftändiger und unvollftändiger Verwandlung nicht eigentlich in dem Puppenftadium, fondern in der Verfchiedenheit der Larven, die wir deshalb genau prüfen müffen.

Bei den fekundären Larven fchreitet die Ausbildung der imaginalen Geftalt Schritt für Schritt mit jeder Häutung vor= wärts, die Verwandlung während der letzten Häutung umfaßt daher nur wefentlich die Vollendung der faft fchon erreichten Imaginalform und die Umbildung oder Abftoßung der provi= forifchen Organe. Bei den tertiären Larven dagegen ruht die Vorwärtsentwicklung zur Imago während der ganzen Larven= periode, die Verwandlung umfaßt daher bei ihnen: 1. die Nach= holung der ftehengebliebenen Entwicklung zur Imago und 2. die Umbildung oder Zerftörung der proviforifchen Organe. In dem zweiten Punkte ftimmen tertiäre und fekundäre Larven wefentlich überein, er kann alfo das Auftreten eines Puppen= ftadiums auch bei den Infekten mit tertiären Larven nicht veranlaßt haben, da ein folches nie auf die gleichfalls provi= forifch organifierten fekundären Larven folgt. Mithin käme als Urfache für das Vorhandenfein einer Puppe nur noch das Stehenbleiben der Entwicklung zur Imago in Frage; diefes ift es ja in erfter Linie, welches dahin führt, daß die tertiären Larven von ihren Imagines fo grundverfchieden werden, daß man an ihnen die urfprüngliche, imagoähnliche Organifation nicht mehr erkennt im Gegenfatz zu den primären und fekun= dären Larven, welche ihrer Imago ftets in höherem oder ge= ringerem Grade ähnlich bleiben, bei welchen jedoch die Aus= bildung proviforifcher Organe auch ftets unter der Vorausfetzung erfolgt, daß die imaginalen noch nicht voll entwickelt find. Die Anforderung, aus der Larve zur Imago zu werden, ift demnach bei der tertiären Larve dadurch ganz erheblich gefteigert, daß die genannte ftehengebliebene Entwicklung (foweit ihr die Auf= gabe zufällt, die Imaginalform zu fchaffen) bei der Metamorphofe nachgeholt werden muß. Indem hierzu noch die Rück= oder Umbildung der proviforifchen Organe tritt, wird die Meta= morphofe zu einem gleichzeitig fort= und rückfchreitenden Ent= wicklungsprozeß: die Imaginalform, welche durch die provi= forifche Organifation unterdrückt war, tritt in demfelben Maße hervor, wie die proviforifche Organifation zurückgeht. Die Pro= zeffe der fort= und rückfchreitenden Entwicklung find derart kompliziert, daß es der Larve nicht mehr gelingt, die definitive Form, alfo die Imago im Anfchluß an nur eine einzige Häutung

5*

herzustellen; daher tritt eine vermittelnde Form als Puppe
auf, welche zwar schon eine imaginale Form aber noch keine
vollendete Imago ist und insofern an das letzte Larvenstadium
der tertiären und sekundären Larven erinnert, sowie an die
Subimago der Eintagsfliegen. Stammesgeschichtlich aus diesen
hervorgegangen, ist ihnen die Puppe dennoch nicht mehr voll=
kommen gleichzusetzen. Um dies nachzuweisen, wollen wir uns
das Puppenstadium etwas eingehender betrachten.

Sehen wir uns etwa eine Käferpuppe näher an, so können
wir keinen Augenblick darüber im Zweifel sein, in ihr eine
Imaginalform vor uns zu haben. Ihre gesamte Körperform
gleicht der der Imago, die bei der Larve äußerlich nicht sicht=
baren Flügel sind als Ruhänge des zweiten und dritten Brust=
segmentes deutlich entwickelt, die Beine und Mundgliedmaßen
der Imago sind, wenn auch noch nicht fertig ausgebildet, doch
schon in einer Gestalt vorhanden, wie wir sie bei der Imago,
nicht aber bei der Larve wiederfinden. Dagegen ist die larvale
Organisation bei der Puppe bis auf geringe Reste verschwunden,
wenn wir das Tier nur äußerlich betrachten. Die Umformung
der inneren Organe und deren teilweise Auflösung nimmt da=
gegen längere Zeit in Anspruch. Der Übergang zur Puppe
bedeutet also jedenfalls einen sehr weiten Schritt vorwärts in
der Richtung auf die Imago zu und einen nicht minder starken
Schritt rückwärts, indem die erworbene larvale Organisation
verschwindet, weil sie dem Insekt ihre Dienste geleistet hat
und für die Aufgaben überflüssig geworden ist, welche des
Tieres am Schluß seines Lebens noch harren: für die Fort=
pflanzung, die Begattung und Eiablage. — Auch bei der
Schmetterlingspuppe vermögen wir schon die Beine, Flügel und
Mundteile (ja äußerlich schon das Geschlecht) zu erkennen, wenn=
gleich darum nicht so deutlich, weil hier die Körperanhänge
gleich nach dem Ausschlüpfen aus der Larvenhaut mit dem
Körperstamm verklebt werden, nachdem sie anfangs frei ab=
standen, wie bei den Puppen der Käfer und anderer Insekten.
Gegenüber der weitgehenden Imagoähnlichkeit der Schmetterlings=
puppe treten die Reste larvaler Organisation ganz zurück. Nur
bei genauer Betrachtung findet man noch längs der Bauchseite
des Hinterleibes zwei parallele Reihen von schwachen Andeu=
tungen der larvalen Stummelfüße. Die Beispiele für die Nachweis=
barkeit larvaler Organe bei der Puppe werden sich bei einiger
Aufmerksamkeit noch vermehren lassen. Es wird jedoch zugegeben
werden müssen, daß diese dürftigen Reste uns nicht berechtigen,
in der Puppe eine letzte Larvenform zu erblicken etwa wie die
letzte der Imago vorausgehende sekundäre Larve, die ja noch

wohl entwickelte provisorische Organe besitzt. Vielmehr ist die Puppe schon mit der letzten primären Larve, die fast schon eine Imago ist und am besten noch mit der Subimago zu vergleichen, die jedoch durch ihre Flugfähigkeit und hinsichtlich der inneren Verwandlung wieder der Imago um einen Schritt näher steht, als die Puppe. Um das Wesen der Puppe ganz zu erfassen, werden wir uns über die Vorgänge klar werden müssen, welche sich während der Metamorphose abspielen.

Nur in ganz seltenen Fällen wird schon die Larve fortpflanzungsfähig und hat es dann nicht mehr nötig, die Gestalt und Organisation der Imago anzunehmen. Bei der weit überwiegenden Mehrzahl der Insekten ist dagegen die Larve noch nicht geschlechtsreif und besitzt die Geschlechtsorgane nur in den Anlagen. Diese auszubilden und ihnen ihre definitive funktionsfähige Form zu geben, ist eine Aufgabe, der sich das Insekt während der Metamorphose unterzieht.

Wo Organe der Larve, wie zum Beispiel häufig die Mundteile, eine ursprünglichere Beschaffenheit bewahrt haben oder in manchen Fällen auch vielleicht nur scheinbar besitzen, müssen sie in die imaginale Form übergeführt werden, um den andersartigen jetzt an sie herantretenden Anforderungen zu genügen. Das gleiche gilt für diejenigen larvalen Körperteile, welche sich bei der Jugendform nachträglich umgestaltet hatten und wie die Saugzangen der früher besprochenen Käfer= und Netzflüglerlarven gegenüber den kauenden Mundteilen ihrer Imagines höher spezialisiert sind. Ferner erweist sich die Metamorphose nicht nur als umbildender, sondern vor allem auch als fortbildender Prozeß dadurch, daß die Imaginalanlagen jetzt erst die imaginalen Organe aus sich entstehen lassen und schließlich zur definitiven Ausbildung bringen. Gerade dieser Vorgang ist für die vollkommene Metamorphose in höchstem Grade charakteristisch und bedeutet nichts anderes, als eine Rückkehr zu dem ursprünglichen geraden Entwicklungswege, welcher nun in einem Zuge zurückgelegt wird und nicht stufenweise erfolgt, wie bei den Insekten ohne vollständige Verwandlung. Dabei gewinnt auch das Tier die endgültige Gestalt seines Körperstammes, welche wir durch die Hemmung der Entwicklung imaginaler Organe, vor allem der Flügel, und durch die Ausbildung provisorischer Verhältnisse bei der Larve in so hohem Grade beeinflußt sahen. — Als rückschreitenden Vorgang erkennen wir dagegen die Entwicklung während der Metamorphose daran, daß die von der Larve neu erworbenen Organe verschwinden. Schließlich wird die Verwandlung noch dadurch kompliziert, daß bei der Puppe provisorische Organe auftreten können, welche bei der Häutung zur Imago wieder abgeworfen werden müssen. Wir werden solche weiterhin noch kennen lernen.

Alle diese mehr oder minder tiefgreifenden Umformungen, Aus- und Neubildungen kennzeichnen die vollständige Metamorphose und stempeln die Puppe zu einer Imaginalform ganz besonderer Art, wie sie uns bei keinem anderen nachembryonalen Entwicklungsgang unter den Insekten wieder begegnet. Da aber dieses Puppenstadium durchaus die tertiäre Larve voraussetzt, da nur diese zum Übergang in die definitive Gestalt des vermittelnden Puppenstadiums bedarf, ist die vollkommene Metamorphose nicht in erster Linie durch die Puppe, sondern durch die tertiäre Larve bestimmt und gerade durch diejenigen Eigentümlichkeiten derselben, welche uns berechtigten, sie von den primären und sekundären Larven zu unterscheiden.

Wir wollen jetzt versuchen, uns in großen Zügen eine Vorstellung davon zu machen, wie die vollständige Verwandlung stammesgeschichtlich entstanden ist. Zuerst verließen die jungen Larven das Ei in einem Zustande, welcher der Imago wesentlich gleich war, ohne doch schon ganz am Ziel der Entwicklung zu stehen, dem sie sich nun während des nachembryonalen Lebens im Anschluß an die Häutungen stufenweise näherten, um es auf geradem Wege zu erreichen. Diese primären Larven führten dieselbe Lebensweise wie die erwachsenen Tiere, nur waren sie noch nicht geschlechtsreif. — Dieser einfache und gerade Entwicklungsgang, der noch nicht unter den Begriff der Metamorphose fällt, erlitt bei anderen Insekten dadurch eine Störung, daß die Jugendform sich an eine andere Lebensweise gewöhnte, während die Imago die ursprünglich auch von der Jugendform geführte Lebensweise beibehielt (oder nach einer anderen Richtung hin änderte, als die Jugendform). Indem sich die Jugendformen in Anpassung an ihre Lebensweise umbildeten und provisorische, nur für sie verwendbare Organe entstehen ließen, wurden sie zu sekundären Larven, ohne daß zunächst der gerade Entwicklungsweg verlassen werden mußte; denn während die provisorische Organisation sich ausbildet, geht neben ihr her die schrittweise Fortentwicklung zur Imago und die Metamorphose ist hier noch nichts anderes, als die Umbildung oder Abstoßung provisorischer Organe und eine geringe Ummodellierung des Körperstammes (z. B. Aeschniden). — Aus diesen sekundären Larven gingen dann die tertiären hervor: die für die Jugendform nicht mehr verwendbaren Organe der Imago wurden teils umgebildet, teils in der Weiterbildung zurückgehalten; die larvale provisorische Organisation herrscht derart vor, daß von einer gleichzeitigen stufenweisen Fortentwicklung zur Imago gar

nicht mehr die Rede sein kann. Der ursprüngliche Entwicklungs=
gang ruht während der ganzen Larvenperiode und wird erst an
deren Schluß wieder aufgenommen und zu Ende geführt.

Hierin sehen wir eine allmähliche stammesgeschichtliche Ent=
stehung der nachträglich umgestalteten Larven von der primären
zur sekundären und weiter zu der tertiären. Damit nun die
tertiäre Larve zur Imago werden konnte, mußte bei unge=
störtem Eintritt ontogenetischer Wiederholung stammesgeschicht=
licher Vorgänge eigentlich stufenweise die larvale Organisation
in demselben Maße zurückgehen, wie die imaginale sich aus=
bildete, das heißt es mußten Zwischenstufen zwischen der Larve
und der Imago auftreten, welche etwa die Eigenschaften der
sekundären Larven zeigen würden. Diese Wiederholung sehen
wir indessen aus Zweckmäßigkeitsgründen so stark gekürzt, daß
nur eine dieser Zwischenformen sich noch erhalten hat, die
Puppe. Aus dieser Betrachtung ergibt sich gleichzeitig, daß die
Larven (sekundäre und tertiäre) später entstanden sind, als die
Imagines, und sie lehrt uns verstehen, wie ein Jugendstadium
auftreten kann, aus welchem zwar bei der Entwicklung des Indi=
viduums die Imago hervorgeht, das aber niemals stammes=
geschichtlich der Vorfahr der Imago gewesen ist, mithin den
Insektenahnen viel ferner stehen kann, als die Imago.

Man hat vielfach bei der Kennzeichnung der Puppe be=
sonderen Wert darauf legen zu müssen geglaubt, daß dieses
Stadium weder zur Ortsbewegung noch auch zur Nahrungs=
aufnahme fähig ist. Diese Eigenheiten folgen aber mit Not=
wendigkeit aus dem Wesen der Puppe, in und an welcher sich die
oben geschilderten Vorgänge abspielen, die leicht begreiflicherweise
die Ortsbewegung und die Aufnahme und Verarbeitung der
Nahrung unmöglich machen. Aus demselben Grunde, aus
welchem die Larve während der Häutung diese Tätigkeit unter=
bricht, sehen wir auch die Puppe ruhen. Weil der Darm (Vorder=
und Enddarm) sich mithäuten und der Mitteldarm tiefgreifen=
den Umgestaltungen unterworfen ist, kann er bei der Puppe un=
möglich Nahrung verdauen. Dies allein schon würde genügen,
um zu verstehen, weshalb die Puppe nicht umherwandert; denn
ein Tier ohne Geschlechtsreife und ohne die Fähigkeit zu fressen,
hat keine Veranlassung den Ort zu wechseln, um so weniger
dann, wenn dieser so sorgfältig ausgewählt ist, wie die Puppen=
wiege. Aber es kommen noch andere Umstände dazu, welche die
Ortsbewegung nicht nur überflüssig, sondern, wenn auch nur
für eine bestimmte Zeit, ganz unausführbar machen: zunächst
die Auflösung und Neubildung der Muskeln; ferner wird hierbei
auch die Umwandlung des Nervensystems eine Rolle spielen,

welches während seiner Umbildung kaum imstande sein dürfte, einem umherwandernden, fressenden und verdauenden Tiere seine nicht zu entbehrenden Dienste zu leisten. Die „Ruhe" des Puppenstadiums hat daher nur symptomatischen Wert, denn sie ist nur das äußere Zeichen für die sie bedingenden inneren Vorgänge. Die Larve hat schon durch reichliche Ansammlung von Reservenahrung in ihrem umfangreichen Fettkörper vorgesorgt, daß die Puppe während ihrer Nahrungsenthaltung nicht verhungert.

Da die Puppe uns als ein besonderes Stadium begegnet, welchem eine ganz bestimmte Bedeutung bei der Metamorphose zukommt, so hat sie auch wie die Larve und die Imago ihre eigenen Bedürfnisse, welche sie in mannigfaltiger Weise befriedigt. Wir wollen hier nicht darauf eingehen, wie schon die Larve für den künftigen Puppenzustand sorgt, einen Kokon spinnt, sich an einen geschützten oder sonst günstige Verhältnisse darbietenden Ort begibt u. s. f.; uns interessieren hier wesentlich nur die Organe, welche sich die Puppe unabhängig von der Larve und der Imago erworben hat und die wir als provisorische Puppenorgane bezeichnen wollen, weil sie nur für dieses Stadium Wert besitzen, nur von ihm ausgebildet sein können und allen anderen Entwicklungszuständen fehlen. Sie zeigen mindestens ebenso auffallend wie die provisorischen Larvenorgane, daß sich der Organismus auf jeder beliebigen Entwicklungsstufe mit der ihm eigenen Plastizität so zu gestalten vermag, daß er sein Leben erhält, indem er seine Bedürfnisse durch selbstgeschaffene Mittel befriedigt.

Bei den Puppen ist ganz allgemein die Haut von einer Beschaffenheit, welche mit der der Larve und Imago nicht übereinstimmt. Das gleiche gilt für die Hautanhänge. Wenn wir auch z. B. einzusehen vermögen, warum die Körperdecke der Schmetterlingspuppen eine weder der Larve noch der Imago zukommende Härte besitzt, durch welche dieser empfindliche Zustand des überganges sehr gut geschützt wird, besonders da, wo er sehr lange währt und den Winter überdauert, so sind wir doch in sehr vielen Fällen noch nicht in der Lage, die Zweckmäßigkeit zahlreicher Eigenarten in der Beschaffenheit der Haut und ihrer Anhänge zu erkennen. Immerhin begegnen uns aber doch manche wundervolle unserem Verständnis zugängliche Anpassungen, von denen einige erwähnt sein mögen.

Untersucht man die Puppe des Weidenbohrers (Cossus cossus), so findet man auf der Rückenseite der vorderen Segmente des Hinterleibes je zwei, auf den hinteren Segmenten je einen Halbring von kräftigen kurzen Dornen, welche sich am hinteren Leibesende zu einem Ring schließen und sämtlich nach hinten gerichtet sind. Ähnlichen Bildungen begegnen wir auch bei Zeuzera pyrina, Phragmatoecia arundinis, Hepialus und anderen. Alle diese Tiere verpuppen sich im Inneren ihrer Nährpflanze, in welcher die Larve Gänge bohrt. Da nun das Ausschlüpfen des Falters in dem Fraßgang auf Schwierigkeiten stößt, muß die Puppe imstande sein, sich soweit herauszuarbeiten, daß der Schmetterling nicht gefangen bleibt, und hierzu besitzt sie in ihrem beweglichen mit Dornen ausgestatteten Hinterleib ein ausgezeichnetes Mittel, von dessen vortrefflicher Wirkung man sich überzeugt, wenn man eine dieser Puppen (natürlich lebend) in die leicht geschlossene Hand nimmt.

Recht verschieden gestaltete provisorische Bildungen findet man auch am Hinterende der Schmetterlingspuppen. Bald dienen sie dazu, als einfache oder paarige Griffel sich gegen die Unterlage zu stämmen und dem Tier unter Bewegung des Hinterleibes die Möglichkeit zu geben, seine Lage oder auch in beschränktem Maße seinen Platz zu wechseln; bald nehmen sie die Form von Häkchen an, welche sich fest in dem Gewebe des Kokons verankern und nicht nur die Puppe in diesem festhalten, sondern namentlich auch deren Haut, die Exuvie, wodurch das Auskriechen des Falters sehr erleichtert wird. Hier seien nur einige wenige Beispiele herausgegriffen, die sich jeder leicht beschaffen und nachuntersuchen kann. Die Puppe des großen Schwammspinners (Lymantria dispar) besitzt einen ziemlich langen hinteren Zapfen, welcher reichlich mit längeren und kürzeren Chitinhäkchen ausgestattet ist. Ganz ähnliche Bildungen hat die nahe verwandte Nonne (L. monacha). Beide Puppen sind nur durch ein sehr lockeres Gespinst gehalten, in welchem sie jedoch vermöge ihrer Häkchen so fest hängen, daß man oft die Exuvien noch nach einem Jahre an ihrer Stelle haftend findet. — Der Kiefernspinner (Dendrolimus pini) zeigt im Puppenstadium ein stumpfes, reichlich mit kurzen starren Borsten besetztes Hinterende; die Borsten krümmen sich zum Teil zu sehr kleinen Häkchen, welche das Tier und später seine Haut im Gewebe des Kokons festhalten. — Das braune Ordensband (Pseudophia lunaris) besitzt zwei besonders lange endständige und daneben einige kleinere zierlich gebogene Chitinstäbchen, welche an die Krücke eines Spazierstockes erinnern und in ähnlicher Form bei den Ordensbändern der Gattung Catocala und bei dem Stachelbeerspanner (Abraxas grossulariata) wiederkehren. — Bei der Puppe der Ahorneule (Acronycta aceris) finden wir am Hinterende einen stumpfen, in der Mitte geteilten Höcker mit zwei Gruppen von je fünf am Ende feinhakig gebogenen starren Fortsätzen. — Bei der Kupferglucke (Gastropacha quercifolia) ist das Endsegment dicht mit kurzen, steifen Borsten besetzt, bei der großen Bandeule (Agrotis pronuba) trägt es einen zweispitzigen Aftervorsprung und bei dem Kamelspinner (Lophopteryx camelina) umstehen das Ende des Aftergriffels kurze, divergierende Dornen, daher er fast an einen Morgenstern erinnert. —

An dem ersten Brustsegment der Puppe unseres größten Wasserkäfers (Hydrophilus piceus) sehen wir jederseits des Kopfes dem Vorderrande drei lange, gebogene Borsten entspringen Das Tier ruht derart in seiner unterirdischen Puppenhöhle, daß sich der Körper einerseits auf diese Fortsätze, andererseits auf zwei lange gegliederte Anhänge des Hinterleibsendes stützt und so gleichsam in der Schwebe gehalten wird, ohne mit dem übrigen Körper den Boden zu berühren. Man hat sich dies eigenartige Verhalten so erklärt, daß bei der Lage der Puppenwiege nicht fern vom Ufer bei hohem Wasserstand Wasser in diese eintreten könne, über dessen Spiegel die Puppe durch die erwähnten Fortsätze emporgehalten werde. Daß diese Auffassung das Richtige treffe, wird man wohl bezweifeln dürfen. Jedenfalls besitzt die Puppe in ihren gebogenen Borsten ihr eigentümliche Organe, welche also mit ihren besonderen Bedürfnissen in irgendwelchem Zusammenhang stehen müssen. —

Die Hirschkäferpuppe besitzt zwei im männlichen Geschlecht ganz besonders lange seitliche Fortsätze des Hinterleibsendes, welche außen eine feine Spitze tragen und in ganz ähnlicher Form bei dem Maikäfer auftreten, ohne in beiden Fällen der Larve oder Imago eigen zu sein. Die Mehlkäferpuppe (Tenebrio molitor) verfügt über jederseits sieben breite, an der Außenkante gezähnte Seitenfortsätze der Hinterleibssegmente, welche dem Käfer und der Larve vollständig fehlen. —

Auf dem Rücken des ersten Brustsegmentes der Stechmückenpuppe erheben sich zwei Anhänge, welche dem Tracheensystem dieses Entwicklungszustandes die Atemluft zuführen, die an der Oberfläche des Wassers aufgenommen wird. Diese Atemröhren sind der Puppe sicher nicht von der Larve übermittelt worden, denn bei dieser münden die Tracheen an einem Fortsatz des hinteren Körperendes; auch der Imago fehlen sie natürlich, stellen also unzweifelhaft spezielle provisorische Organe der Puppe dar. Nun könnte man meinen, daß es doch zweckmäßiger wäre, wenn die Puppe einfach die Atemröhre der Larve beibehielte. Damit jedoch die Mücke bei dem Ausschlüpfen nicht unter das Wasser gerät, soudern gleich auf dessen Oberfläche und an die Luft, muß die Puppe eine ganz andere Lage im Wasser einnehmen, als die Larve, welche diesem ihre Nahrung entnimmt. Die Stelle der Puppenhaut, an welcher der Riß entsteht, der

dem ausgebildeten Inſekt das Auskriechen geſtattet (Fig. 25),
muß dem Waſſerſpiegel am nächſten liegen; das gleiche gilt auch
für die Atemröhren, daher werden ſie bei der Puppe an die
einzig geeignete Stelle verlegt. — Auch die Ruderfloſſe am Ende
des Puppenabdomens iſt der Bewegungsart des Hinterleibes
entſprechend geſtaltet und eine proviſoriſche Bildung.

Bei der Corethrapuppe (Fig. 10) finden wir ebenfalls eine
Floſſe am Leibesende, welche zur Bewegung dient, und zwei

Abb. 25. Zwei Nymphen der Stechmücke (Culex nemorosus) im
Begriff aus den Häuten der Nymphe zu ſchlüpfen.
Schwach vergrößert. Originalzeichnung von C. Winkler.

Anhänge an der Rückenſeite der Bruſt als Tracheenkiemen. Vielleicht ſind dieſe erſt aus ähnlichen Atemröhren hervorgegangen,
wie ſie die Culexpuppe beſitzt, als die Larven und Puppen von
der Luftatmung zur Waſſeratmung übergingen. Die Chirono-
mus-Puppe endlich ſchwimmt nicht mehr frei umher, ſondern
ſteckt im Schlamm, aus dem nur ihre proviſoriſchen Atmungsorgane hervorragen. Sie haben die Geſtalt zahlreicher faden-
förmiger Tracheenkiemen, welche beiderſeits am erſten Bruſt-
ſegment entſpringen. Die ſtarke Füllung der Tracheen mit
Luft läßt ſchließlich auch dieſe Puppe an die Oberfläche empor-
ſteigen, weil nur hier das Ausſchlüpfen der Mücke erfolgen

kann. Zahlreiche Tracheenkiemen besitzt auch die Simulium=
puppe (Fig. 16), welche in ihrem von der Larve gesponnenen
Kokon unter Wasser liegt. In beiden Fällen haben wir pro=
visorische Puppenorgane vor uns, welche beweisen, daß auch die
Puppe sich selbständig zur Befriedigung ihres Atembedürfnisses
mit entsprechenden Mitteln ausstatten kann. Da diese Tiere,
wie wir gelegentlich der Besprechung der Larve schon sahen,
nur in fließendem Wasser leben, ist auch die Puppe durch be=
sondere Dornen und Haken der Körperhaut, welche sich in den
Kokon einhaken, davor geschützt, aus ihrer Hülle gespült zu werden.

Die Puppe von Ptychoptera hat, obwohl selbst auf dem
Schlamm ihres Wohnortes liegend, die Atemröhren beibehalten,
jedoch erheblich umgestaltet. Von den beiden Fortsätzen
bleibt der eine kurz und scheinbar funktionslos, während
der andere sich so lang auszieht, daß er die Körperlänge des
Tieres um das Doppelte übertrifft und mit seinem Ende die
Wasseroberfläche erreicht, um die Luft direkt der Atmosphäre
zu entnehmen. —

Schließlich sei noch die bemerkenswerte Tatsache hervor=
gehoben, daß bei den Trichopteren, deren 3. T. mit Tracheen=
kiemen ausgestattete Larven wir früher schon berücksichtigt haben,
die Puppen selbst da zuweilen Kiemen besitzen, wo sie den
Larven fehlen. Daraus erkennen wir ganz unzweideutig, daß
die Puppe ihre Bedürfnisse vollkommen unabhängig von der
Gestaltung ihrer Larve zu befriedigen weiß, indem sie selbst die
geeigneten Mittel schafft. —

Man wird sich angesichts der vorstehende Seiten füllenden
Tatsachen folgende Fragen vorlegen dürfen, deren Beantwortung
freilich nicht ganz leicht ist: wie waren die Ursachen beschaffen,
durch welche die Jugendformen veranlaßt wurden, ihre ur=
sprüngliche Lebensweise aufzugeben und so zu sekundären und
tertiären Larven zu werden, in deren nachträglicher Umgestaltung
wir das eigentliche Wesen der Insektenmetamorphose kennen ge=
lernt haben? Und wenn die Larven an die äußeren Bedingungen
ausgezeichnet angepaßte Tiere geworden sind, warum werden
sie dann nicht schon in diesem Zustande geschlechtsreif und geben
nicht lieber die komplizierte Metamorphose ganz auf?

Wenn wir wissen, daß ganz allgemein bei den Tieren die
Bedürfnisse zu verschiedenen Lebenszeiten verschieden sein können,
so vermögen wir leicht zu erkennen, daß sie bei dem jugendlichen
Insekt anders sein müssen, als bei dem fertigen; denn das junge
Tier muß noch ganz erheblich wachsen und reichlich Nahrung
aufnehmen, ohne doch wie die Imago durch die Fortpflanzung
schon irgendwie in Anspruch genommen zu sein. Zugleich fehlen

der Jugendform ja in allen Fällen die Flügel und damit schon ist ihr die Möglichkeit genommen, ebenso zu leben wie die Imago, sofern die Flügel im Dienste des Nahrungserwerbs verwendet werden. Auf dieser Grundlage konnte sich ein so weites Auseinandergehen der Larve und der Imago entwickeln, wie wir es bei den Insekten antreffen; dies mußte aber nicht geschehen, wie die Insekten mit primären Larven beweisen. Warum ging die Zikadenlarve in die Erde und benutzte dabei ihre Vorderbeine zum Graben, bis sie schließlich zu den Schaufeln wurden, die das Tier heute besitzt? — Weil ihr die aus den Wurzeln gesogene Nahrung mehr zusagte, könnte man antworten. Aber warum wollte sie gerade diese Nahrung? Warum gingen andere Larven ins Wasser, ins Holz und unter die Rinde oder in andere Pflanzenteile, in Kot, faulende Substanzen u. s. f.? — Daß sie dabei einer bestimmten Neigung gefolgt sind und nicht der Zufall ihnen ihre Nahrung aufgezwungen hat, werden wir vermuten dürfen; die letzten Gründe für die Wahl ihrer Ernährungsweise werden uns einstweilen ebenso verborgen bleiben wie die Ursachen dafür, warum der Geschmack der Menschen so sehr verschieden ist. Jedenfalls haben sie sich alle so zu gestalten vermocht, daß sie ihre Umgebung zu ihrem Nutzen, im Interesse der Erhaltung ihres Lebens beherrschen mit jenen selbstgeschaffenen Mitteln, die wir zum Teil kennen gelernt haben und die in die Erscheinung treten zu lassen eine Tätigkeit ist, welche wir jedem lebenden Wesen zuerkennen müssen und die wir als Anpassungsfähigkeit bezeichnen. Ganz allgemein aber ist die Wahl der Jugendformen auf solche Nährstoffe gefallen, welche in der Natur reichlich vorhanden sind, weil eben gerade das junge Tier, um zu wachsen, einer reichlich fließenden Nahrungsquelle unbedingt bedarf. Nun sehen wir allerdings auch häufig die Imago noch fressen; ihr dient jedoch die Nahrung niemals mehr zum Wachstum des Körpers sondern nur noch zur Erhaltung des Lebens und zur Produktion der Fortpflanzungszellen und überhaupt aller Substanzen, welche zur Pflege der Brut Verwendung finden (Eierkokons, Wachs, Honig usw.). In sehr vielen Fällen aber übernimmt die Larve die Herbeischaffung des Nährmaterials auch für die ganze Lebensdauer der Imago, indem sie ihr mit dem Fettkörper genügende Reservestoffe übermittelt. Die Imago nimmt dann überhaupt keine Nahrung mehr auf und lebt ausschließlich noch der Fortpflanzung. In diesem Falle ist eine vollständige Arbeitsteilung durchgeführt: die Larve frißt und wächst, aber pflanzt sich nicht fort; die Imago frißt und wächst nicht, aber pflanzt sich fort. Das heißt mit anderen Worten: die Larve ist tätig im Interesse der

Erhaltung des Individuums, die Imago steht ganz im Dienste der Arterhaltung. In anderen Fällen ist diese Arbeitsteilung nicht so scharf durchgeführt, aber immer ist die Larve als fressendes und wachsendes Tier ohne Fortpflanzung anders tätig, als die Imago.

Da nun die Larve, dieser Arbeitsteilung entsprechend, für den Nahrungserwerb ausgezeichnet ausgerüstet ist, die Imago dagegen über alle Mittel zur Fortpflanzung verfügt: zum Auf= suchen des anderen Geschlechtes (wohlentwickelte Sinnesorgane, Flügel, Duftdrüsen), zur Begattung, zur Eiablage und zum Auf= spüren und Erreichen der Nahrung für ihre Brut, an welche die Eier abgesetzt werden u. s. f., so stellt sich diese Arbeitsteilung als recht zweckmäßig dar. Dem einen Zustand sind im allge= meinen Organe eigen, die der andere nicht braucht; beide Ent= wicklungszustände haben sich ihren speziellen Aufgaben ent= sprechend gestaltet, jeder ohne Rücksicht auf den anderen. Ist die erste Aufgabe erfüllt, so geht das Tier durch die Metamor= phose in den zweiten Zustand über und erhält mit ihm die Mittel, in viel vollkommener Weise, als es die Larve könnte, für die Erhaltung der Art zu sorgen. Daher begreifen wir, warum im allgemeinen die Larve nicht geschlechtsreif wird, sondern die Fortpflanzungsfähigkeit erst als Imago gewinnt. Wenn nun doch in manchen Fällen schon die Larven sich fortpflanzen, so ist es sehr auffallend, daß sie einander niemals begatten; stets geht diese Larvenbrut aus unbefruchteten Eiern hervor, wird also parthenogenetisch erzeugt. Wo aber die Begattung fortfällt, wird mit ihr eine wichtige Aufgabe der Imago aus= geschaltet und der Imagozustand kann ganz überflüssig werden, wenn zugleich die Larve imstande ist, ihre Brut so abzusetzen, daß sie ausreichende Nahrung findet. Nur da also, wo besondere Umstände es möglich machen, daß auch die Larve schon hinreichend für ihre Nachkommenschaft zu sorgen vermag, wird hiermit die Imago überflüssig und daher sterben die Larvenmütter, ohne jemals Imagines zu werden. Auf diese interessanten Verhält= nisse noch weiter einzugehen, gestattet der Raum nicht mehr. —

Wenn es der vorstehenden Darstellung gelungen wäre, ein tieferes Verständnis für den vielgestaltigen nachembryonalen Entwicklungsverlauf der Insekten zu vermitteln, so hätte sie ihre Aufgabe erfüllt. Möge sie ernste Naturfreunde dazu anregen, an der Lösung mancher Frage, die sich ihnen vielleicht während des Lesens aufgedrängt hat, durch eigenes Beobachten und Nach= denken beizutragen.

CPSIA information can be obtained
at www.ICGtesting.com
Printed in the USA
BVHW04s2255110918
527199BV00015B/152/P